The Effect and Impact Mechanism of Formal Control on Sales Force Performance

—Empirical Evidence form Chinese Context

正式控制对销售人员绩效的影响效应与机制研究

——来自中国情境的实证数据

彭雷清 黄嘉欣 著

东北财经大学出版社
Dongbei University of Finance & Economics Press
大连

图书在版编目（CIP）数据

正式控制对销售人员绩效的影响效应与机制研究 / 彭雷清，黄嘉欣著. —大连：东北财经大学出版社，2015.12

ISBN 978-7-5654-2185-3

Ⅰ. 正… Ⅱ. ①彭… ②黄… Ⅲ. 企业管理-销售管理-研究 Ⅳ. F274

中国版本图书馆CIP数据核字（2015）第312212号

东北财经大学出版社出版发行

大连市黑石礁尖山街217号 邮政编码 116025

教学支持：（0411）84710309

营 销 部：（0411）84710711

总 编 室：（0411）84710523

网　　址：http：//www. dufep. cn

读者信箱：dufep @ dufe. edu. cn

大连图腾彩色印刷有限公司印刷

幅面尺寸：170mm×240mm 字数：200千字 印张：13 3/4 插页：1

2015年12月第1版 2015年12月第1次印刷

责任编辑：孙晓梅　　责任校对：那 欣

封面设计：冀贵收　　版式设计：钟福建

定价：42.00元

前　言

当前我国市场营销学术研究领域讨论较多的话题主要集中在消费者行为、品牌管理、渠道管理等领域，对于西方研究的热门话题——销售人员管理的关注度还不高。事实上，销售人员管理在市场营销学、组织行为学、社会心理学等多个学科成果基础上展开的研究工作，具有跨学科研究的特性。从实践来看，由于销售人员的销售业绩是企业销售业绩的主要组成部分，如何激励销售人员为企业销售工作做出积极的贡献，提升销售行为效率，仍然是所有营销管理者共同关心的话题。

销售人员的工作方式与其他部门成员的工作方式最大的区别之一，就是他们远离公司行政中心，深入渠道、顾客群体和个人开展销售工作。他们的工作需要高度的灵活性、创新性和适应性。尤其是在当今消费者需求变化较快、渠道变革日益深化的背景下，如何使难以监督控制的销售人员为企业效益提升开展工作，是横亘在销售管理人员面前的难题。为了解决销售人员的激励、监督、评估、培养等问题，组织和销售管理人员需要对销售人员进行有效的控制。“销售人员控制”这一话题自20世纪80年代提出以来，获得了西方学术界长期的关注。其中销售人员正式控制，即由组织和销售管理人员明确规定的控制方式被证明在销售人员行为控制以及绩效提升上具有重要的作用。

然而，在上述研究领域仍然存在诸多尚待深入解答的问题。比如，销售人员正式控制通过什么机制影响销售人员的行为与业绩？正式控制作为一个多维度构念，其不同的维度之间是否存在交互的影响效应？正式控制对销售人员绩效的影响效应的大小是否受到其他因素的影响？此外，对于这一领域的实证研究大多是在西方国家背景下展开的，对于中国情境中销售人员的价值观、行为和绩效受到哪些独特因素影响的研究还不够丰富，仍然需要在本土化情境中进行探讨。一个值得关注的问题是，中国人具有传统的价值观念，上下尊卑的观念影响了控制手段实施的效果。因此，我们在本书中深入探讨了诸如上下级关系、信任、中国人的传统等在销售人员控制与管理中所发挥的作用。

为了解决上述问题，我们首先收集和整理了销售人员控制领域的国内外研究成果。在跟踪和评述相关成果以及访谈的基础上，提出了研究的假设模型。为了推动研究的本土化，我们对国外研究中的变量概念及测量做了中国情境的适应性调整，并在全国30多家企业多次展开访谈、问卷调研工作，利用网络手段和现场调研方法共计发放问卷500多份。在实证数据统计分析的基础上，我们验证了研究的主要假设，并对结果进行了深入的探讨。我们希望借此回答上述问题，为销售人员管理的中国情境研究提供新的视角。

本书整理了所有与正式控制以及销售人员绩效关系话题相关的研究成果。第一部分是全书研究的基础。首先介绍了研究的意义、内容、方法。其次将本书涉及的主要变量的研究情况作了文献综述。这一部分主要由彭雷清、黄嘉欣完成。第二部分是关于销售人员正式控制与销售人员态度、行为和绩效之间关系的研究，分别从销售人员的动机、策略（顾客导向）、信任、心理契约兑现四个理论视角探讨了正式控制对结果的影响机制，这一部分主要由彭雷清、黄嘉欣、段为伟、姚洪玲完成。第三部分对于顾客导向行为这一在研究销售人员管理控制过程中具有研究新意的话题的拓展性进行研究，这一部分主要由彭雷清、黄嘉欣、潘亚威完成。最后在回顾所有已完成的研究的基础上，提出了研究展望，这一部分主要由彭雷清、黄嘉欣完成。

本书的出版得到教育部人文社会科学研究项目“正式控制对销售人员行为的影响：中国人传统性的调节作用”（项目编号：12YJA630095）、广东省自然科学基金项目“员工相对剥夺感的测量、形成机制及影响效应研究”（项目编号：2015A030310503）、广东省普通高校人文社科研究项目“员工相对剥夺感的测量、形成机制及影响效应研究”（项目编号：2014WQNCX108）的资助，在此深表谢意。

彭雷清　黄嘉欣

于广东财经大学

2015年11月

目　录

1 导 论

销售人员是企业的战略资源之一，如何通过管理促使他们为企业价值的增加和战略目标的实现而努力，一直是销售管理理论和实践关注的研究课题（陈晓东，2008；Rodrigues，Coelho & Sousa，2015；Wang，Dou & Zhou，2012）。销售人员在组织中发挥着关键作用，如何激励销售人员是销售经理需要优先考虑的问题。当前中国企业因西方经济放缓而实现出口转内销策略，国内的市场竞争加剧，消费者需求多样化且变化迅速，这都对企业的销售能力提出了极大的挑战。如何建立销售人员队伍和激励销售人员，促使他们搜集信息，根据市场和客户的变化不断调整销售策略和方案，有效地向目标群体推销产品、服务和方案，成为所有企业共同关心的问题。

在企业销售部门内部，由于不同年龄的员工价值观的巨大差异，员工特征和需求多变，在这样的队伍中对销售人员进行激励具有较大的难度。为了更好地销售产品，许多公司十分重视对销售人员的激励，已经开发出大量不同的方案，但是由于销售人员以远离行政中心的方式开展工作，对销售人员的有效监督、控制、培训和激励仍然是横亘在所有销售管理者眼前的主要难题。近几年来，销售数据造假、销售差旅费虚报、虚假产品信息宣传等屡见不鲜。如何保持销售队伍的活力，激发销售人员为组织的利益而完成任务，具有重要的理论和现实意义。

为了解决上述问题，国外的销售人员管理领域学者都比较关注销售人员管理控制这个话题。自20世纪80年代销售人员管理控制的概念被提出以来，众多学者就对此作了深入的研究。在这一领域，Anderson和Oliver（1987）最先对销售人员的管理控制进行了界定，即一个组织中关于监督、引导、评估和补偿其员工的程序集合。Jaworski（1988）把销售人员的管理控制划分为正式控制和非正式控制两类。正式控制是一种明文的、由管理层产生的控制机制，主要包括行为控制和结果控制。

大量的研究表明正式控制对销售人员的态度、行为和绩效有显著影响。然而，对于其作用效应和影响机制，尚有不少值得深入的领域，而且大量的研究都是在西方背景下展开的，推动销售人员正式控制策略在中国进行研究有助于拓展我们对于本土情境独特影响因素的认识。本章是全书的概览，主要介绍研究意义、研究内容和研究方法。

1.1 研究意义

1.1.1 理论意义

（1）从不同的理论视角深化正式控制对销售业绩影响机制的研究

本章的理论意义在于其有利于深化正式控制对销售人员销售行为影响的理论认识，特别是不同类型正式控制的不同影响机制，能进一步完善销售人员的管理控制理论。尽管过去有研究从学习理论、角色理论等视角探讨了正式控制影响销售人员行为和绩效的机制，但是我们仍然有必要从其他的理论视角来透视这一影响过程。比如，目标设定理论、内部动机理论、领导的目标-路径等理论视角都能让我们重新认识正式控制与销售业绩之间的作用过程。

（2）厘清正式控制不同的维度对销售业绩影响的差异化效应

理论研究表明，正式控制包含结果控制、行为控制（活动控制）、能力控制等不同的维度。过去对这些维度与销售绩效之间关系研究的结论并不一致，对于不同维度之间是否存在交互影响效应的探讨也只是处于起步的阶段，在国内对于正式控制不同维度的影响的实证探讨也较为缺乏，我们有必要对这个多维度构念的影响效应进行更为深入的考察。

（3）厘清中国情境特质元素对销售人员销售行为的影响机理

过去大量的关于销售人员正式控制的研究都是在西方背景下展开的，对于销售人员管理的本土化研究很少。我国有悠久的历史，传统文化的影响根深蒂固。尽管经过剧烈的社会变迁，但中国人身上依然留有传统文化的烙印（刘军等，2008）。比如，中国人的上下级关系就具有与西方不同的文化特征，其工作外的交往内容更为特殊。此外，中国人还强调“上尊下卑”的角色关系与义务（Farh et al.，2007）。这种价值观特征被称为中国人传统性，但其在营销管理领域的应用研究仍极为少见，尤其是其对销售人员的工作认知、态度、情感和行为的影响尚有待探讨。

1.1.2 实践意义

上述理论研究都可以为企业提高销售人员的管理效率和政府规范销售人员的从业行为提供理论参考和决策依据。具体来说，本章的实践意义体现在以下方面：

（1）为企业提升销售人员业绩提供启示

销售人员的行为改善对于促进我国经济增长方式的转型起着很大作用。目前我国经济增长方式从外向型转变为内源型，扩大内需、繁荣流通、进一步振兴国内市场已经成为国家发展的重要战略之一，而销售人员的销售行为规范和对销售人员管理效率的提高是开拓国内市场的必要途径和微观基础。本章以如何提升销售人员的业绩为重要的研究目标，探讨了正式控制、上下级关系、销售人员动机、销售人员角色规范等不同因素对销售业绩的影响效应和机制。通过这些讨论，企业的销售人员管理者可以得到如何提升销售人员绩效的启发。

（2）为企业销售部门控制策略的运用提供决策参考

过去不少的研究认为销售部门对销售人员的控制只存在于组织层

面，即组织的制度规范的层面。本章拓展了对这一领域的认识，对控制策略在上下级之间运用方式的影响效应进行了深入探讨。此外，本章也探讨了不同的控制策略之间是互相替代还是互补、如何配合使用等理论问题。这些理论问题的解决将为企业销售部门、销售主管的管理决策提供参考。

（3）对销售人员的甄选、培养、晋升提供本土化建议

由于本章对销售人员绩效影响因素的研究数据全部来自中国大陆，对于中国本土情境中独特的问题，如上下级关系、信任、中国人传统性等因素的影响进行了深入的探讨，因此可以帮助销售管理人员更好地理解本土销售人员的态度和行为。本章的探讨也有助于企业更好地制定销售人员的甄选标准，帮助企业通过培训来强化销售人员的能力，对于销售人员态度、行为与绩效的评价方式和评价手段也提供了新的视角，有助于企业合理地进行销售管理人员职业生涯规划与晋升安排。

1.2 研究内容

第1章，导论。本章首先介绍研究意义，通过揭示目前我国销售人员激励工作存在的挑战与现状，凸显了在当前背景下开展销售人员正式控制与销售绩效机制研究的理论和现实意义。在此基础上，概览性地介绍了研究内容和研究方法。

第2章，文献综述。本章主要对所涉及的概念、变量的来源、定义、维度、前因与结果等文献进行追踪和评述。主要变量包括销售人员管理控制、销售绩效、信任、中国人的传统性以及顾客导向。通过对文献的综述，我们找到当前研究的热点、难点以及机会。

第3章，正式控制交互作用、顾客导向与销售人员绩效的影响机制研究。本章基于目标设定理论，构建了一个被中介的调节效应模型，探讨了正式控制（包括结果控制和行为控制）对销售人员绩效的影响。实证结果表明：结果控制与销售人员业绩之间显著正相关；结果控制与行为控制对销售业绩有交互效应，结果控制与行为控制较强时，销售业绩更高；销售人员的顾客导向行为对上述交互效应与销售业绩的关系起部

分中介作用。本章的结论表明销售管理者需要通过结果控制为下属设置目标，配合使用行为控制提供反馈，从而激发销售人员迎合顾客需求的销售行为，从而提升其销售业绩。

第4章，正式控制、工作动机与销售人员绩效关系研究。本章主要从动机理论的角度来探讨正式控制对销售绩效的影响。这一章的主要研究内容聚焦在销售人员动机的中介作用上。我们首先探讨了销售人员正式控制与动机之间的关系，然后探讨了动机与销售人员绩效之间的关系。最后，我们发现，销售人员动机在正式控制与绩效之间的中介作用显著。

第5章，正式控制对销售人员信任的影响效应研究。本章构建结果控制、行为控制和能力控制与销售人员信任上司的关系模型，旨在揭示正式控制对销售人员信任上司的重要作用。同时，也说明在结果控制、活动控制和能力控制与销售人员对上司的信任关系中中国人传统性具有显著的调节作用。通过对192名销售人员的调研，我们发现，结果控制对销售人员信任上司的负向作用显著，活动控制和能力控制对销售人员信任上司有显著的正向作用。除此之外，本章识别了正式控制与销售人员信任上司之间关系的调节变量：中国人传统性，并对调节变量的调节作用进行了分析。

第6章，结果控制、心理契约兑现与销售人员合作行为。本章构建了一个被调节的中介作用模型，以此探讨结果控制影响销售人员合作行为的机制。本章的结论表明：结果控制与销售人员合作行为之间显著正相关；心理契约兑现在结果控制与销售人员合作行为之间起部分中介作用；中国人传统性调节了心理契约兑现的中介作用，即当中国人传统性较弱时，销售人员心理契约兑现在结果控制与合作行为之间的中介作用较强，反之亦然。本章进一步探讨了研究的理论意义和实践意义。

第7章，上下级关系对销售人员学习导向及顾客导向的影响机制。本章基于信任理论的视角，探讨了上下级关系对两种价值观形成的影响机制。基于企业调研的135个样本分析，我们探讨了上下级关系与学习导向、顾客导向的关系，上下级关系与销售人员对上司的信任之间的关系以及信任在上下级关系与学习导向以及顾客导向之间扮演的完全中介作用。

第8章，销售人员顾客导向对绩效的影响：知识属性的调节作用。知识经济的到来使得当今的销售工作发生了巨大的转变，而且已经有学者证明不同属性的知识会对绩效产生不同的影响。于是，在知识经济背景下，销售人员顾客导向对其绩效的影响机制问题已经成为理论界和实践界关注的重点。本章结合当今时代背景及销售工作的特点，深入顾客导向及绩效的维度提出了顾客导向、销售绩效、知识属性之间关系的概念模型及假设。本章主要探讨顾客导向的两个维度对销售绩效的两个维度的正向影响、营销性知识对顾客导向与销售绩效之间的关系的调节效应。此外，我们探讨了技术性知识对顾客导向与现场销售绩效之间的关系所起的正向调节作用。

第9章，研究结论、不足与未来研究展望。在前述研究的基础上，我们总结了主要研究结论，指出了研究中存在的不足，对于正式控制、销售绩效、顾客导向等销售人员研究领域的未来拓展空间进行了探讨，以激发其他研究者继续探索这一领域具有研究价值的话题。

1.3 研究方法

本书运用控制理论和销售管理等前沿理论和现代研究方法，从中国人传统性的角度对正式控制、销售人员信任上司以及销售人员销售行为之间的关系做了有意义的深入研究。具体研究方法如下：

（1）规范分析和实证分析相结合

在规范分析上，梳理理论和现有文献，论述了本书的理论内涵。在实证分析上，通过问卷调查和中国及各城市的相关统计年鉴等数据，利用SPSS、Lisrel和Mplus验证相关的理论命题。

（2）定性研究方法和定量研究方法相结合

在定性研究方法中，通过一对一的深度访谈和一对多的焦点小组座谈深层挖掘访问对象对于本书各部分内容的理解。在定量研究方法中，主要利用探索性因子分析方法，确定量表的最优题项，并进行信度与效度检验；利用结构方程等分析程序检验与分析正式控制、销售人员信任上司、顾客导向、中国人传统性和销售人员销售行为、销售绩效等变量之间关系的理论命题。

（3）抽样调查和小组访谈相结合

针对不同规模、不同所有制、不同性质、不同地区和不同行业的销售人员、销售经理和销售总监，进行深度访谈与焦点小组座谈；量表开发与问卷调查采用地区与行业配额抽样。在抽样过程中，尽量坚持随机原则。

2 文献综述

2.1 正式控制研究

2.1.1 销售人员控制的定义

过去几十年中，许多学者对多种合作类型的销售进行了广泛且持续的关注，销售人员控制在销售过程中的协调、指导作用也备受关注。在组织中，管理控制的目的在于为实现组织的既定目标，对职工态度、行为进行指导并施加影响（Anderson & Oliver，1987；Eisenhardt，1985；Jaworski，1988；Ouchi，1979）。

对销售人员控制的研究最早可以追溯到20世纪70年代，国外学者Ouchi（1979）开辟了销售人员控制研究的新天地。当前销售管理控制研究源于Anderson和Oliver（1987）以及Jaworski（1988）提出的两个基本理论。

Anderson和 Oliver（1987）从经济学、组织行为学以及心理学理论视角出发，对正式控制进行了系统阐述，并提出一些涉及销售人员正式控制如何影响销售人员认知与能力、情感与态度、动机、行为选择以及绩效的研究方向。他们将销售人员正式控制定义为一系列对销售人员监督、指导、评估以及报酬激励的组织程序集合。基于上述定义，本章认为销售人员控制包括行为控制、结果控制两种类型。其中，结果控制是跟踪、监督、评估绩效标准的产物（Jaworski et al.，1993）。行为控制适用于管理者寻求影响期望目标实现过程中被认为重要的活动，这种管理控制方式出现于许多追求顾客关系管理主动性（如处方药销售）的公司中。

Jaworski（1988）提出了一个包括销售人员控制正式与非正式等维度在内的概念。由这一概念衍生的研究命题主要来源于管理与会计学科，这些衍生命题涉及正式与非正式控制的前置因素（如环境）与后置因素（如个人影响）。他将销售人员控制定义为“在战略业务单位中的管理者或者其他股份持有者采取的尝试性行动，通过影响销售人员的行为与活动来实现既定期望结果”。他根据管理控制的正式化程度，将销售人员控制分为正式控制和非正式控制，两者的主要差别可以从表达方式（书面或者非书面）、信息源（管理者或者员工）、作用机制（团队或者个人）等方面进行区分。此外，从细分分类来看，正式控制涵盖结果控制、行为控制，而非正式控制涉及社会控制、文化控制和自我控制。

此后，根据前人的研究成果，有学者将行为控制进一步细分为活动控制与能力控制（Challagalla & Shervani，1996）。活动控制涉及销售人员被期望执行的特定销售活动（如销售拜访），而能力控制强调销售技能的提升与应用。在实践中，绝大部分销售组织都采用行为与结果控制（Oliver & Anderson，1994），因此，本章将销售人员正式控制当成结果、活动、能力控制三者的组合。

在国内，吕涛对Anderson和Oliver（1987）的定义进行了丰富与完善。吕涛（2005）在其研究中提到：在销售人员控制研究中，大多数学者通常沿用Anderson和Oliver（1987）的定义，但这一定义过于粗略，仅仅将销售人员控制看作一个程序，未能指出其管理控制的目的，而且仅仅指出了正式控制，因此，他将销售人员控制定义为：企业通过正式为销售人员设定目标、制订计划、监督目标实现过程，并对绩效和行为进行评价等手段；或者通过非正式的文化控制、职业控制、自我控制来减少销售人员的角色模糊和角色冲突，增强其自身组织承诺感，降低销售管理中的信息不对称，提高销售人员的积极性和创造性，最终提升企业和销售人员短期和长期绩效的管理活动。

由于 Anderson 和 Oliver（1987）、Jaworski（1988）、吕涛对销售人员控制的定义不同，因而三者的理论视角、关注重点、主要观点、分析层次等方面也不尽相同。

2.1.2 销售人员控制的维度

在探讨销售人员控制对其他变量影响的研究中，首先要解决的问题是对销售人员控制进行合理分类，选取合适的销售人员控制方式（对象），以便满足相关研究环境变量、中介变量、结果变量的需要。

通过对以往销售人员控制研究文献的梳理，我们发现，销售人员控制通常有三种分类法：一是 Anderson 和 Oliver（1987）以及 Challagalla 和 Shervani（1996）的行为控制与结果控制分类法；二是 Jaworski（1988）的正式与非正式控制分类法；三是 Jaworski（1993）的控制组合分类法。

（1）行为控制与结果控制分类法

Anderson 和 Oliver（1987）从经济学、组织行为学以及心理学理论视角出发，对正式控制进行了系统阐述，并提出一些涉及销售人员正式控制如何影响销售人员认知与能力、情感与态度、动机、行为选择以及绩效的研究方向。基于此研究背景，他们将销售人员正式控制定义为一系列对销售人员监督、指导、评估以及报酬激励的组织程序集合。根据他们的定义，可以将销售人员控制一分为二，即行为控制与结果控制。

结果控制是跟踪、监督、评估绩效标准的产物（Jaworski et al., 1993）。当销售管理者实行结果控制时，他们主要进行结果导向型评估，如评估销售人员的销售量、净利润等，因而会对销售人员施加少量的监督、指导，给予销售人员较大的销售活动自主权。

与之相反，行为控制适用于管理者认为重要的活动，这些活动会影响期望目标的实现，这种管理控制方式常出现在许多追求顾客关系管理主动性的公司中。当销售管理者采取行为控制时，他们通过跟踪、监督与评估销售人员的销售过程与活动来收集信息，并对销售人员的销售活动、销售能力提出具体而详细的明确规定，以便让销售人员执行。

在对销售人员控制构念界定方面，有学者提出六维度控制构念观点（Anderson & Oliver，1987），也有学者提出潜因子多维构念观点（Cravens，1993）。由于把行为控制视为一个整体性构念来研究可能会过于狭隘（Child，1984；Merchant，1985；Wotruba & Simpson，1992），因此，本章采用Challagalla和Shervani（1996，1997）的行为控制二分法：活动控制、能力控制。

（2）正式与非正式控制分类法

Jaworski（1988）提出了一个包括销售人员控制正式与非正式等维度在内的概念。由这一概念衍生的研究命题主要来源于管理与会计学科，这些衍生命题涉及正式与非正式控制的前置因素（如环境）与后置因素（如个人影响）。他将销售人员控制定义为“在战略业务单位中的管理者或者其他股份持有者采取的尝试性行动，通过影响销售人员的行为与活动来实现既定期望结果”。他根据管理控制的正式化程度，将销售人员控制分为正式控制和非正式控制，两者的主要差别可以从表达方式（书面或者非书面）、信息源（管理者或者员工）、作用机制（团队或者个人）等方面进行区分。此外，从细分分类来看，正式控制涵盖结果控制、行为控制，而非正式控制涉及社会控制、文化控制和自我控制。在正式控制这部分，Jaworski（1988）主要延续Anderson和Oliver（1987）的定义与分类，他的主要贡献在于其对非正式控制的定义与分类，根据影响范围的聚集程度，可以分为自我控制、职业控制以及文化控制。

自我控制定位在个体层次，是个人对自我行为的约束。Albert和Bandura（1977）认为自我效能感（类似于自我控制）可以影响人的行为选择、努力程度、思维过程以及情感过程，进而对其工作态度、满意度以及绩效产生影响。Krishnan、Netemeyer和Boles（2002）对上述观点进行了实证检验，发现自我效能感、努力程度、工作绩效之间同时存在直接、间接的影响关系。

职业控制定位在部门层次，通常是指以团队合作、信息共享的途径让员工或者团队成员之间产生相互作用、进行共同监督的管理方式。Joshi和Randall（2001）通过引入中介变量——任务明确性以及情感性承诺，实证检验了职业控制与销售人员绩效、客户导向之间的关系。

文化控制定位在企业层次，通常是指将企业或者团队的价值观、理念、愿景同组织成员共享的管理方式。Jaworski（1988）通过研究发现，相对于客观的绩效指标和正式的操作流程，共享的职业标准和团队责任感更有利于企业获取高绩效。Deshpande等（1989）通过实证研究发现，组织文化对销售人员绩效有显著影响。

基于以往对销售人员控制的研究，学者们发现，为控制、结果控制以及正式控制、非正式控制的单独使用都不能较好地满足销售管理工作的需要，主要有三个方面的缺陷：一是单一控制方式的使用不能精确地反映企业所实行的完整控制集合（Anthony，1952；Jaworski，1988）；二是一种控制方式独立塑造销售行为存在不必要的限制，具有片面性，忽视了其他控制方式可能对销售行为的影响（Khandwalla，1972，1973）；三是单独地检验单一控制方式可能会扭曲其“真实”效果，如非正式控制可能会否定正式控制。

Jaworski等人（1993）提出，在销售人员管理中，正式与非正式控制是可以同时使用的。其在销售管理研究中，根据结果控制、行为控制、职业控制以及文化控制的水平差异，提出四种特殊的控制组合：高控制、官僚控制、宗派控制以及低控制（如图2-1所示）。控制组合的主要优势在于其有机会检验与个体销售人员绩效相关的组织变量如何配置（Sigh et al.，1996）。

为了更好地理解图2-1中的各种控制组合，我们引入了主要以及次要控制概念。主要控制属于公司员工承认并属于战略业务单位内占据最主要地位的控制类型。其他的控制属于次要控制，它们可能也会出现但对行为不会产生重要影响。在图2-1中，对正式控制的高水平关注表明结果与过程控制都属于主要控制，而低水平的正式控制意味着它们属于次要控制。类似地，高水平的非正式控制表明职业与文化控制属于主要控制，而低水平的非正式控制意味着它们属于次要控制。

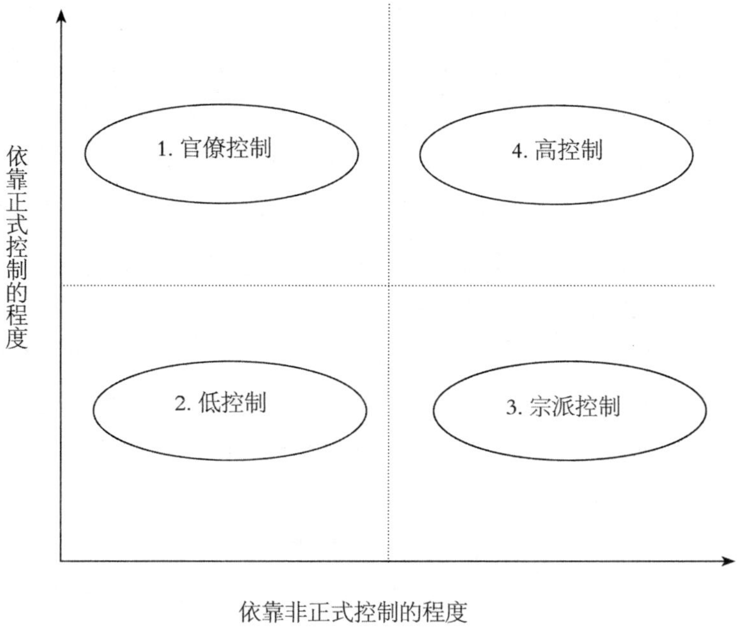

资料来源 JAWORSKI B J, STATHAKOPOULOS V, KRISHNAN H S. Control combinations in marketing: conceptual framework and empirical evidence [J]. The Journal of Marketing, 1993 (1): 57-69.

图 2-1 销售人员控制组合分类

图2-1单元1代表的是高水平正式控制与低水平非正式控制组合的情况，我们把这种组合称为官僚控制。它由从管理者出发、书面控制占主导，职业控制与文化控制以次要角色运行。它考虑的情境是销售管理者对销售人员的绩效存在判断误差。由于这种控制方式从长远来说可能对组织产生危害（Anderson & Oliver, 1987），高级管理者可能会决定按照行为标准评估该销售管理者。例如，高级管理者可能会监督销售管理者细心地进行市场沟通或者处理与分销商的关系。在较低程度上，他们也可能会为明智地使用同事间互动提供余地（如职业控制）。最后，因为种种原因（Deshpandé & Webster, 1989），销售管理者可能不适应强文化控制。因此，高级管理者严重依靠结果以及行为控制，两种非正式控制也被运用但处在一个相对低的程度上。

图2-1单元3代表的是高水平非正式控制与低水平正式控制组合的

情况，它考虑的是公司进入新市场的情境。因为这个原因，公司任命一批中层销售管理者参与到企业销售部门的工作中去（如销售经理、市场研究部总监以及销售人员）。这些中层销售管理者早前已经展现出高水平的同事间互动（如职业控制）并已经被组织的共同价值观以及信念所同化（如文化控制）。公司对于是什么促使自己成功进入新市场或者采取什么样的行为方式将带来期望结果等问题都没有特定的既定规则，但是，组织能够预测团队的成功——从长远来看——涉及市场份额或销售渗透（如结果控制）。因此，这个中层销售管理者团队主要依靠职业以及文化控制去实现其目标。与此同时，高级管理者对本团队（以及个人）进入新市场负全责，我们把这种组合称为宗派控制。更正式地，它被定义为非正式控制占主导、正式控制仅以次要角色运行的控制。

图2-1单元4代表高正式控制与高非正式控制组合的高控制环境，它考虑的是以往研究中所探讨的公司进入新市场的情境。假设组织现在已经在新的国际市场上生存了5年，由于经验与知识的积累，销售人员现在对结果（如结果控制）以及如何实现结果（如过程控制）负全责。正因为如此，销售人员被认为会遵循一定的程序来管理新市场（如与政府官员保持适当的联系、管理当地分销商协议等）。此外，这些销售人员会继续维持同事间互动的工作环境以及组织的规范/价值观。从这种情境中可以看出，所有四种控制方式都被运用。

图2-1单元2代表的是以往实质性工作相当有限的情境，在这种环境下，所有四种控制都以次要控制的方式运行。我们把这一情境称为低控制，造成这种情境的原因包括执行力不够、管理控制程序过度或者真实的低控制情境。

通过对以上三种分类方法进行分析，我们知道销售人员控制方式的衡量主要基于正式控制、非正式控制展开。本章主要研究销售人员正式控制对销售人员绩效的影响，探究销售人员动机的中介作用，因此，我们主要采用Anderson和Oliver（1987）以及Challagalla和Shervani（1996，1997）的分类法，将销售人员控制分为行为控制（包括活动控制、能力控制两个维度）以及结果控制。

①结果控制。结果控制通常是指销售管理者设置销售目标、跟踪并

反馈销售人员目标实现的过程，做出结果反馈的控制方式（Anderson & Oliver，1987）。在结果控制下（Eisenhardt，1985），销售部门具有以下几个特征：销售管理者对销售人员的监督相对较少；销售管理者对销售人员的管理指导相对较少；销售管理者对销售人员的评估、报酬激励基于销售结果的直接测量，而不是测量销售人员为了实现销售目标而采取的方法。从以上几点可以看出，结果控制类似一种市场契约，它赋予销售人员通过自己的方式来实现销售结果的选择权。与此同时，销售人员必须为其最终的销售结果承担所有责任（Anderson & Oliver，1987）。市场契约这只“无形的手”促使销售人员采取适当的销售行为，企业通过实施结果控制来减少其管理负荷，并在转嫁风险的同时，共享销售收益（Basu et al.，1985）。

在现实中，销售管理者采用侧重结果的绩效考核方式，尤其是在决定销售人员薪酬的时候（Churchill，1985），这主要关系到具体实操性问题。此外，许多销售管理者更倾向于让他们的销售人员自主选择销售方法。与普世观念不同的是，如何评估一个销售人员是否成功并梳理出使销售人员更为优秀的通用关键法则是极其困难的（Weitz，1981）。这是因为许多个体销售方式、销售方法在一种情境下成立，但在另一种情境下失败，而因地制宜的战略是难以形成的（Ouchi & McGuire，1975）。基于销售工作、任务的自身特性，结果控制被视为较好的管理控制方式之一。因此，管理学界已经达成共识：结果控制是维持销售人员动力的有效工具（Anderson & Oliver，1987）。

上述我们探讨了结果控制的优点，然而它也有一些缺陷。例如，结果控制主要关注销售人员的短期收益活动，忽视了企业的长远效益（John & Weitz，1984；Smyth，1968）；再如，销售人员可能极力避免销售新产品而销售市场成熟产品（Moynahan，1983）。

销售管理者为了克服上述结果控制带来的管理问题，必须引入多维度的结果控制。与此同时，伴随着销售系统的复杂化，销售管理者采取的结果控制方式逐渐倾向于行为控制（Anderson & Oliver，1987）。

②行为控制。行为控制是指为销售人员设立行为规范，并监督其是否按规定采取销售行为、指导其达到行为规范要求的控制方式

(Anderson & Oliver, 1987)。在行为控制下，销售管理者可能通过多种因素对销售人员进行评价或报酬激励，即便这些因素可能无法进行实际测量，但可能会产生销售绩效（Jackson, Keith & Schlacter, 1983)。

以往的销售人员控制研究一直将行为控制作为单一的整体性构念。在以往的研究中，我们发现，采用整体性行为的控制构念有较大局限性(Child, 1984; Merchant, 1985; Wotruba & Simpson, 1992)，因为不同的学者在其研究中有观点不一致的发现，从而对理解行为控制的作用机制造成困惑（Oliver & Anderson, 1994; Jaworski, Stathakopoulos & Krishnan, 1993; Evans et al., 2007; Miao et al., 2007)。基于上述观点，本章采用行为控制分类法（Challagalla & Shervani, 1996)，即将行为控制区分为活动控制、能力控制。

活动控制：Merchant (1985) 将活动控制定义为：上司尝试控制员工从事的日常例行活动。活动控制主要涉及一系列连续性活动：期望活动执行、实时活动监督以及活动奖惩（Atuahene-Gima & Li, 2002)。

活动控制要求销售人员采取那些与实现期望绩效水平密切相关的既定销售活动组合。在活动控制下，销售管理者将监督销售人员的实际行为并根据他们既定活动的绩效进行奖惩。但是，活动控制过于频繁地进行活动评估与决策，因此易造成负面情绪（Merchant, 1985)。

能力控制：能力控制是旨在提升销售人员的技能，跟踪、监督并评估其技能水平，并据此进行奖惩的管理方式。能力控制主要涉及一系列连续性活动：能力目标设定、能力监督与评估、基于能力的奖惩(Lawler, 1990)。能力控制并不为销售人员制定其需要执行的既定活动或程序集合。事实上，管理者根据销售人员必须具备的技术以及能力水平为销售人员设定个人目标，为销售人员提供技术与能力诊断反馈，给予销售人员必要的培训，并基于销售人员的技巧与能力进行奖励。例如，销售管理者能够解释为什么一个特定的销售行动在一种销售情境下比在另一种销售情境下更为有效。

综上所述，活动控制以及能力控制可能对员工绩效与满意度产生不同的影响。这是因为，能力控制强调通过提升技术与能力水平来提高竞争力，这可能是为了满足个人先天对能力以及内部动力增加的心理需要

(Deci & Ryan, 1985; Rigby et al., 1992)。另外，由于活动控制需要频繁地对管理活动进行评估以及自上而下的决策，人们可能会面临自我评价的缺失，而这种缺失又会导致负面情绪（Merchant, 1985）。

此外，上述两种不同的行为控制的主要差异还在于，活动控制通常不向销售人员提供能促使其在不同销售情境下重新调整其战略的详细诊断反馈，不能告知销售人员为什么一些新客户拒绝他的拜访。

2.1.3 管理控制的前因后果

Anderson和Oliver（1987）把管理定义为制定目标、监督和评估、提供反馈以及基于绩效对销售人员奖惩的过程。换句话说，控制包括信息的提供（如目标的设定、监督以及反馈）以及强化管理（如相应的奖惩）。除此之外，控制的概念被不断完善，Agarwal和Ramaswa-mi（1993），Futrell、Swan和Todd（1976），Jaworski（1988）和Ouchi（1977）都认为控制包含两个主要维度：信息与强化。正如Oliver和Anderson（1994）所言："监督与引导的程度以及评估和补偿销售人员的方法，都应该被纳入描述管理控制系统相互关联的维度层面。"虽然控制定义都强调信息与强化的内涵，但是极少有实证研究关注强化的作用。换句话说，强化是否能够刺激人们去做出更大的努力，仍然值得探讨（Challagalla & Shervani, 1996）。

基于Jaworski（1988）的研究更多关注销售人员的角色压力、工作紧张感和机会主义行为（Agarwal, 1999; Agarwal & Ramaswami, 1993; Jaworski & Kchli, 1991; Jaworski & MacInnis, 1989; Joshi & Randall, 2001; Lusch & Jaworski, 1991; Ramaswami, 1996）。基于Anderson和Oliver（1987）的研究更多关注销售人员的行为（如销售规划、团队工作和适应性销售等）。这些研究认为，行为控制可以使销售人员获得良好的心理（较少的工作紧张感、较高的工作满意度）、行为（较高水平的灵活销售）和绩效结果。行为控制和高水平的动机、工作嵌入度、顾客关系导向、销售支持导向和内部关系都正相关（Anderson & Oliver, 1987; Cravens et al., 1993; Oliver & Anderson, 1994）。Oliver和Anderson（1994）以及Rouzies和Macquin（2002）预期，行为控制可以促进销售人员更多的计划，更少的拜访活动，更低的销售/非销售时间比率和更灵活、更努力的销售，但他们在销售人员的样本中没有找到支持上述假设的证据。另外，销售人员的职业能力在行为控制下也得到了改善（Cravens et al.，1993；Baldauf et al.，2001b）。Baldauf等（2001a，2001b）利用奥地利和英国的销售经理样本为上述假设提供了证据。Cravens等（1993）利用销售总监的数据找到了行为控制有利于销售人员的计划导向、销售支持和顾客导向的证据。Miao等（2007）发现正式控制对销售人员的工作动机（包括内部动机和外部动机）有系统影响。其中，行为控制对内部动机有显著的负向影响，而对外部动机有正向影响；能力控制对内部、外部动机都有正向影响；结果控制对外部动机有负向影响。

我们把关于管理控制前因和结果的相关研究结论总结在表2-1中。

表2-1 **管理控制的相关研究**

作者	文献时间	样本来源	主要研究发现
Jaworski和MacInnis	1989	美国高级营销经理	程序性知识与过程控制正相关；绩效文档与结果绩效、自我控制负相关；自我控制能减少不良行为；正式控制能减少信息不对称
Jaworski和Kohli	1991	欧盟汽车制造商的美国销售人员	结果反馈与结果、行为角色清晰正相关；行为角色清晰、结果反馈以及正向行为反馈与监督者满意度正相关；行为角色清晰、正向行为反馈与行为绩效正相关；结果角色清晰、正向结果反馈以及行为绩效与结果绩效正相关
Lusch和Jaworski	1991	美国零售商店主管	除正式控制与管理者绩效存在间接影响外，其他三类控制机制对管理者绩效无直接影响

续表

作者	文献时间	样本来源	主要研究发现
Agarwal和Ramaswami	1993	美国营销专家	结果控制与绩效文档正相关；过程控制减少信息不对称；过程控制增加工作压力、不良行为但减少信息不对称；自我控制减少不良行为，职业控制减轻工作压力、减少不良行为以及信息不对称；只有一些中介影响是重要的
Jaworski、Stathakopoulos和Krishnan	1993	美国高级营销经理	SUB特征以及任务复杂性变量影响不同的控制组合；高控制与最高工作满意度、最低个人角色冲突、模糊相关；在四种控制组合以及工作绩效之间没有发现相关性
Cravens等	1993	美国营销经理	基于行为的销售管理控制与销售人员特征、各类销售人员行为相关
Robertson和Anderson	1993	美国工业销售主管以及销售人员	在行为控制下，销售人员不可能采取不道德的行为；管理者的道德建议在控制系统下不起作用；报酬计划中的薪水比重没有影响
Oliver和Anderson	1994	美国制造商代表	行为控制影响能力、情感以及动机因素，但对销售战略与绩效结果没有影响；创造与支持性文化与行为控制相关
Babakus等	1996	澳大利亚销售经理以及售主管	行为控制与销售区域设计、销售人员行为绩效正相关；行为控制与销售人员区域设计正相关

续表

作者	文献时间	样本来源	主要研究发现
Challagalla和Shervani	1996	两个美国500强公司的销售人员	结果、活动以及能力信息减少监督者角色模糊；活动以及能力奖励与监督者角色模糊负相关；活动惩罚增加监督者角色模糊；活动以及能力信息减少顾客角色模糊；活动奖励与顾客角色模糊负相关；活动惩罚增加顾客角色模糊；结果奖励与能力惩罚降低销售人员绩效
Lusch、Boyt和Schuler	1996	美国康复机构的员工	被实行社会控制的员工可能拥有更高水平的员工社会化；社会控制欲与员工光顾偏好负相关
Ramaswami	1996	美国AMA成员	结果、过程控制与不良行为正相关；仅有两项假设的中介影响被验证
Challagalla和 Shervani	1997	美国两个世界500强公司的销售人员	结果信息、活动信息、活动奖励、能力信息以及能力奖励与监督者角色模糊负相关；活动奖励、能力信息以及能力奖励与工作压力负相关；活动以及能力惩罚与工作压力正相关
Bello和Gilliland	1997	美国出口公司管理者	结果控制与出口渠道绩效正相关；资源不足与过程控制负相关；产品复杂性与过程、结果控制正相关；心理距离与结果控制负相关
Kohli、Shervani和Challagalla	1998	美国两个世界500强企业的销售人员	最终结果以及能力导向与学习导向正相关；最终结果以及活动导向与绩效导向正相关

续表

作者	文献时间	样本来源	主要研究发现
Agarwal	1999	美国 AMA 成员和工业销售人员	结果控制会减少角色模糊与组织承诺的形式化副作用，而不是角色冲突；过程控制不会减少角色模糊、角色冲突以及承诺的形式化副作用
Krafft	1999	德国销售人员	行为控制与环境不确定性、结果可测性、报告提供的准确性、管理活动比例、年龄以及受教育水平正相关；行为控制与销售人员客户量、销售人员队伍规模、绩效测量投入不足以及产品复杂性负相关
Piercy、Cravens 和 Morgan	1999	美国销售主管	行为控制、销售区域设计、销售人员行为与结果绩效正相关
Slater和 Olson	2000	美国销售经理	不同战略类型需要个性化的销售管理控制实践活动
Aulakh和 Gencturk	2000	美国国际运营管理者	结果控制与代理合规以及代理经济绩效负相关；过程与社会控制是调节独立代理之间非整合交易的重要机制
Hultink 和 Atuahene - Gima	2000	荷兰现场销售人员	在结果控制下，销售人员销售新产品更容易获得成功
Joshi和Randall	2001	美国公司销售人员	组织控制与任务清晰以及情感承诺正相关
Baldauf、Cravens 和 Piercy	2001	奥地利和英国核心销售经理	行为控制对销售人员绩效有直接影响

续表

作者	文献时间	样本来源	主要研究发现
Baldauf、Cravens 和 Piercy	2001	奥地利和英国核心销售经理	行为控制与销售人员特征（内在动机）正相关；销售人员结果绩效、销售人员行为绩效（适应性销售）以及销售组织有效性在英国与奥地利样本中有差异
Piercy、Cravens 和 Lane	2001	英国目录出版商销售人员	行为控制与内在动机、工作参与、工作满意度（监督、下属人员）以及组织承诺正相关，但与角色模糊、冲突以及离职负相关
Rouzies和Macquin	2002	欧盟销售人员	行为控制与销售人员行为正相关
Atuahene-Gima和Li	2002	中国和美国销售人员	行为控制与监管信任正相关（中国样本）；过程控制与中间变量监管信任-绩效关系正相关（中国样本），但在美国样本中负相关
Ramaswami	2002	美国 AMA 成员	绩效文档与结果、过程控制正相关；程序性知识与过程控制正相关
Baldauf和Cravens	2003	奥地利现场销售主管	行为控制与销售区域设计、内在动机、职业胜任、销售人员行为绩效以及销售人员组织有效性正相关
Menguc和Barker	2003	加拿大现场销售主管	激励报酬的使用与组织绩效正相关；但是这种关系受到顾客购买决策的正向调节，受到销售波动与监督的负向调节

续表

作者	文献时间	样本来源	主要研究发现
Piercy、Low和Cravens	2004	发展中国家销售主管	在马来西亚与印度的样本中，区域设计是行为绩效的最优标准；在希腊，高水平的行为控制与高水平的行为绩效相关，但激励报酬与区域设计不影响绩效；区域设计在三个国家都属于结果绩效的重要指标，都显示销售单位有效性；激励报酬显示印度以及希腊样本中预测销售单位有效性，但在马来西亚样本中不显示
Cravens等	2004	美国销售人员	在高控制体系下的销售人员满意度更高，表现为更低水平的工作压力以及情感疲惫，此外，官僚控制、宗族控制以及低控制组合下的销售人员绩效更高
Miao、Fred、Evans、Kenneth、Zou和Shaoming	2007	美国中西部地区领先商业的销售经理和销售人员	这项研究纳入认知和情感，扩展了销售人员激励的文献，研究证实，正式控制对销售人员的工作动机（包括内部动机和外部动机）有系统影响
Kuster和Canales	2008	西班牙样本	行为控制可以直接改善销售人员的工作效率而间接改善销售人员对上司的满意度
Schwepker和Good	2010	美国样本	从理论上论证了能力控制可以通过强化销售人员对上司的信任进而改善销售人员的道德判断

资料来源　作者根据文献整理。

Sujan（1986）根据Weiner（1980）对动机的持久性、强度和选择等三维度的划分把销售人员的销售行为归纳为工作努力（在工作上花更多的时间）和工作聪敏（在工作时间里更积极地工作，增加销售方法，使特定的顾客可以有更多选择）两个维度，它们分别对应动机的持久性维度和强度维度。Brown 和 Peterson（1994）认为销售人员的销售行为是指销售人员为完成工作而投入的力量、精力或行动。Sujan 等（1994）认为反馈是控制销售人员绩效的有效机制，正向反馈和负向反馈都可以通过学习导向和绩效导向影响销售人员的销售行为。Holmes 和 Srivastava（2002）发现工作嵌入度和工作挑战度可以促进销售人员销售行为的改善。Fang 等（2004）发现目标设定因素（包括目标的难度和目标的明确性）会直接影响销售人员的销售行为。Rapp（2006）发现销售人员的知识和经验以及上司对销售人员的授权行为对销售人员销售行为的改善有积极的影响。Jaramillo 和 Mulki（2008）发现支持性领导力（supportive leadership）可以直接和间接地影响销售人员的销售行为，其中介途径是提高销售人员的内部动机和自我效能感。Tsai 等（2009）研究了销售人员的人情导向对其销售行为的影响，但他们的实证研究没有发现这种直接效应，他们发现了自尊可以弱化人情导向和销售行为之间关系的调节效应。

现有研究从正式控制的角度探讨了销售人员销售行为的改善过程和途径，并取得了一定的进展，但对于正式控制通过影响销售人员对上司的信任而促进其销售行为改善的相关分析则相对缺乏。

2.2 销售绩效

2.2.1 绩效的定义

“绩效”一词最早从管理学中引入，自提出以来，有关研究层出不穷。Spangenberg 认为绩效主要涉及组织、团队、个人三个层面。其中，组织绩效特指任务在数量、质量、效率等方面的完成情况；团队绩效主要指整个团队的总体绩效；与之相反的是，个体绩效是指个体对自身工作情况的评估。

绩效涉及面较为广泛，因其具有多因性、多维性、动态性等特征，所以其相关研究具有一定的复杂性。Bates和Holton（1995）在其对人力资源要素的研究中指出，绩效具有多维性，绩效的优劣因其观测的视角、侧重点而存在差异，因此在进行绩效测量时，有必要从多方面、多角度进行，以确保绩效测量合理、科学、有说服力。

Porter和Lawler（1968）认为绩效是由绩效的数量、质量以及工作努力程度等要素构成的，该观点属于典型的结果绩效论。Solma（1980）认为绩效是组织达成目标的程度，也属于典型的结果绩效论。Hall和Goodale（1986）把绩效当成员工从事工作的方法，主要包括员工自我学习、时间安排、技术改善以及沟通互动等，属于典型的行为绩效论。此外，Brumbtach（1988）认为绩效包括行为与结果两个维度，行为绩效是指从事工作的员工展现出来的将工作任务予以实施的行为。行为不仅是结果的实现手段，它自身也是结果，涉及完成工作所需的体力与脑力成果。这属于典型的行为绩效与结果绩效结合论。

Campbell（1990）认为绩效是指作为团体成员的个体为完成团体所期望、规定的角色所实施的行为，属于典型的行为绩效论。Byars和Rue（1994）把绩效视为个体努力的净收益，并受到个人能力、角色认知的影响，这属于典型的结果绩效论。Murphy（2003）则认为绩效是与个体体现组织期望目标相关的一系列行为的集合，属于典型的行为绩效论。此外，Michael（2004）认为绩效就是工作产出，是个体行为最终的结果，属于典型的结果绩效论。

通过对以往研究的综述，我们发现，关于“绩效”的定义，学者们主要从行为、结果或者行为与结果等三种视角进行界定。结果视角认为绩效应该是在特定时期内与目标相关的产出结果，注重最终的结果，更多地关注可以量化的数据或者事实，如顾客满意度、销售量等（Bernadin，1995）。与之相反，行为视角认为绩效应该是在特定时期内与目标有关的行为，注重产生绩效的过程，更多地关注实施过程的行为（Churchill et al.，1985；Campbell et al.，1993；Schneider et al.，1995）。其他学者综合上述两种观点，认为绩效是行为与结果的混合体

（Brumbrach，1988）。本章将各学者对绩效的定义进行汇总，见表2-2。

表2-2 **以往学者对绩效的定义**

学者和时间	绩效的定义	观点分类
Porter 和 Lawler（1968）	由绩效的量、质以及工作努力程度等要素构成	结果绩效论
Solma（1980）	组织达成目标的程度	结果绩效论
Churchill（1985）	对组织目标有贡献的所有活动	行为绩效论
Brumbtach（1988）	包括行为与结果两个维度。行为绩效是指从事工作的员工展现出来的将工作任务予以实施的行为。行为不仅是结果的实现手段，它自身也是结果，涉及完成工作所需的体力与脑力成果	行为绩效与结果绩效结合论
Campbell（1993）	作为团体成员的个体为完成团体所期望、规定的角色所实施的行为	行为绩效论
Bernadin（1995）	在特定时期内，执行职能或者期望活动所获得的产出或者工作结果	结果绩效论
Schneider（1995）	个人或组织的所作所为集合	行为绩效论
Murphy（2003）	与个体体现组织期望目标相关的一系列行为的集合	行为绩效论

虽然以往学者在研究销售人员绩效时更多地关注其测量，对其内涵界定较少，但是，基于以往对销售人员绩效测量的研究，我们发现销售人员绩效可以分为行为绩效与结果绩效。行为绩效主要指销售呈现、专业知识绩效等；结果绩效主要指销售目标达成绩效。

在国外关于绩效维度的研究如火如荼地进行的同时，我国学者也在吸收和借鉴国外研究成果的基础上提出了新的绩效模型。国内学者韩翼和廖建桥（2006）在回顾文献的基础上，根据时代背景对工作绩效模型进行了拓展，提出了新的工作绩效四因素模型，即将工作绩效划分为任务绩效、关系绩效、学习绩效和创新绩效四个维度。这四个维度的定义总结在表2-3中。

表 2-3　　四维度模型各维度定义

维 度	定 义
任务绩效	雇员按照工作说明书中规定的任务、职责，通过技术核心为组织目标做出贡献的结果或行为
关系绩效	通过对工作所处的社会、组织以及心理背景的支持间接为组织目标做出贡献的行为和过程
学习绩效	表明个体从系统地解决问题、过去的经验、向他人学习以及在组织内传递知识的过程获取有益的信息，通过对自我认知的改变、提高学习技能和其他相关能力为组织目标做出贡献的行为过程
创新绩效	是指雇员在知识不断共享和转移的过程中，为了获得本身的竞争优势，保持自己的核心竞争力，获取持续成长动力，不断转移知识重心（创新）的行为过程

资料来源　韩翼，廖建桥. 组织成员绩效结构理论研究述评[J]. 管理科学学报，2006，9（2）：86-94.

综上可以看出，学术界目前关于工作绩效的认识正在不断丰富和拓展，由于学者们的个人经历和出发点略有差别，其学术观点也不尽相同。考虑到销售人员工作的特征及销售绩效的常用考核方法，我们采用Crosby等（1990）关于销售人员绩效的划分方法，将销售人员绩效划分为现场销售绩效及预期销售绩效两个维度。

我们把常见的工作绩效的模型进行了对比，并总结在表2-4中。

2.2.2　销售人员绩效

（1）销售人员绩效定义

随着企业之间的竞争不断加剧，企业界和学术界对销售人员绩效越来越关注了。销售人员绩效的研究是绩效研究的深入和细化。Behrman和 Perreault（1982）对200位销售人员进行了研究，提出了包含销售目标实现、与企业的交流、成本的节约、顾客的满意、专业知识的运用以及与同僚合作等多种指标的销售人员绩效考核方法。Kennet等（2000）深入保险行业，开发了囊括保单销售结果、合约订立及整体绩效的销售

表 2-4 **常见工作绩效模型的比较**

特征	工作绩效模型				
	OCB模型	RB和ERB模型	TP和CP模型	Campbell模型	LP和IP模型
提出者	Smith等	Van Dyne等	Borman和Motowidlo	Campbell等	Janssen 和 Van Yperen等
年份	1983	1995	1993	1993	2004
主要观点	帮助行为、运动员精神、组织忠诚、组织服从、个体主动性、公民美德、自我发展	组织规定的角色行为、组织公民行为、亲社会组织行为、告密行为、原则性分歧	技术核心、核心流程、帮助行为、组织维护、组织服从、额外努力、自愿行为	特定职务任务绩效、非特定职务任务绩效、写作和口头交流、努力、遵守纪律、为团体和同事提供便利、监督与领导、管理	持续学习、制定发展目标、参与学习活动、学习认可、应用学习成果、表现出绩效提高、创新愿望、创新行动、创新成果、创新应用
绩效评估内容	行为	过程、行为	任务和行为、个性差异、认知能力	工作说明书内容、职责、行为和过程	潜能、创新能力胜任力、学习能力
主要结构	三维、五维和七维	四维	两维	五维、八维	四维
对应绩效重点模式	关系绩效	关系绩效 反关系绩效	任务绩效 关系绩效	任务绩效、关系绩效、学习绩效、360度考核法	任务绩效、学习绩效、关系绩效、创新绩效
绩效评估方法	行为锚定法 因素考核法	配对比较法 行为锚定法	绩效合约与行为锚定法 目标管理法	适应性记录(JAI)	360度考核法 工作标准法 自我报告法
优点	便于研究	动态性	易于测试且得到广泛验证	范围广泛	潜在性和适应性
缺陷	关注面较窄	难于把握	关系绩效的划分不够细致	没有经验测试	量表难以制作 测量成本高

资料来源 韩翼，廖建桥. 组织成员绩效结构理论研究述评[J]. 管理科学学报，2006，9（2）：86-94.

人员绩效自评表。Park和Holloway（2003）将销售绩效划分为客观绩效和主观绩效两类，其中客观绩效主要涉及销售量在财务指标上的表现，主观绩效主要涉及市场占有率、顾客保留以及新顾客开发等。

我国学者张正林、庄贵军、许益锋（2011）对国内外关于销售人员个人绩效的现有研究进行了综述，并将销售人员的个人绩效定义为"销售人员在一定时期内销售工作的投入、产出状况"。其中，投入涉及人力、物力、时间等物质资源；产出指的是销售数量、质量及效率方面的完成情况。他们在研究中还特别指出，企业如果能够实现对销售人员的有效管理，那么企业将从中得到巨大的回报。

综上所述，现有关于销售人员绩效的定义并不统一。本章在继承现有研究成果的基础上，以销售人员与顾客之间的互动为切入点，从结果视角来定义销售人员绩效：销售人员绩效是通过其与顾客在销售过程中的现场互动而产生对其销售目标有贡献的工作结果。

（2）销售人员绩效相关研究

正如Donthu 和 Henson等（1999）所说的，销售绩效的研究已经成为学术界目前关注的焦点，也是企业界非常重视的话题。目前，国内外关于销售人员绩效的研究焦点集中在绩效的结构、绩效的变量和定义、绩效的前置因素和产出、绩效评判等方面。根据研究视角不同，我们可以将现有研究大致分为四类，见表2-5。

第一类：从销售人员的个人特质视角出发对销售绩效展开研究。以该视角展开研究的学者认为销售人员的个人特质对销售绩效有重大影响。这里的个人特质主要包括销售人员的专业能力、工作态度、认知能力、情绪智力等。

第二类：从销售人员的销售行为视角出发对销售绩效展开研究。以该视角展开研究的学者认为销售人员所采取的销售行为将对其销售绩效产生直接或者间接的影响。具有代表性的销售人员行为变量主要有适应性销售、服务导向、顾客导向等。

第三类：从销售人员与顾客之间的关系质量视角出发对销售绩效展开研究。以该视角展开研究的学者认为销售人员与顾客之间关系的好坏不仅会给本期的销售绩效带来影响，也会对销售人员未来的销售绩效产

表 2-5 **销售绩效相关研究**

研究视角	代表人物和时间	主要观点
个人特质视角	Anderson 和 Oliver (1987)	对销售人员控制系统、特质、绩效与组织销售效能的实证研究表明，销售人员特质与其销售行为以及非销售行为绩效有相关关系，销售人员特质包含认知情感、专业能力与态度等
	Howe等（1994）	人寿保险销售人员的道德特质与销售绩效有正相关关系
	Baldauf等（2002）	探讨销售管理在销售人员特质、个人绩效与组织销售效能中的关系，将销售人员特质分为销售人员的态度、销售人员的动机、认知与专业能力，将销售绩效分为行为绩效与产出绩效；认为销售人员特质对销售行为绩效具有正向影响，销售行为绩效对销售产出绩效有正向影响
	Wang 和 Netemeyer (2002)	自我效能与销售绩效呈现出显著的相关性
销售行为视角	Keillor等（2000）	通过对366位销售人员的深入调研来探讨销售行为（顾客导向、适应性、服务导向）与个人绩效(年平均销售金额）的关系。回归分析表明顾客导向与个人绩效具有正相关关系，说明销售行为对销售绩效有正向影响
	Dwyer、Hill和Martin（2000）	探讨人寿保险销售过程中的关键因素与销售绩效的关系。经过对309位销售人员的资料进行分析，发现销售行为确实会对个人销售绩效产生影响
	Jaramillo et al. (2007)	以223位厄瓜多尔销售人员为样本的实证研究证实了适应性销售是影响销售绩效的重要因素
关系质量视角	Goodman（1989）	顾客满意会导致顾客重复购买和持久的忠诚度，因而顾客满意将影响顾客的购买意愿与购买行为

续表

研究视角	代表人物和时间	主要观点
关系质量视角	郑绍成（1999）	顾客满意确实会对购买意愿有影响。顾客觉得越满意，越可能再次购买
	Rapp、Ahearne 和 Mathieu（2006）	顾客满意与销售人员的销售绩效呈现显著的正相关关系
环境因素视角	Donthu 和 Henson（1999）	以172位销售人员为对象进行的研究表明，销售领域特征会对销售绩效产生影响
	Kenzie 和 Podsakofe（2001）	以477位寿险销售人员为研究对象探讨了交易型领导与转换型领导对销售绩效与组织公民行为的影响

生作用。销售人员与顾客之间关系质量的代表性研究变量主要有顾客满意、顾客忠诚、顾客保留等。

第四类：从环境因素视角出发对销售绩效展开研究。以该视角展开研究的学者认为销售人员的绩效强烈地受到销售人员所处的环境因素的影响。这里所指的环境因素不仅包括其所处的行业，而且包括其所在企业的文化氛围、领导风格等。以此视角展开研究的代表变量主要有领导风格、企业文化、控制机制、市场需求等。

此外，Crosby等（1990）指出，以往关于销售人员绩效的研究多半是以有形商品的单次交易为研究对象的，即以往的研究对未来绩效的考虑不多。在服务型销售以及关系型销售不断深入发展的时代背景下，销售人员关注的不仅仅是本次交易所带来的效益，他们更加关注未来交易的可能性，因此未来绩效已经成为销售人员绩效的重要组成部分。鉴于此，Crosby等（1990）将销售人员的绩效划分为现场销售结果和未来销售预期两个维度。我国学者裴一蕾（2009）及张蕊（2010）在Crosby等（1990）的基础上开发了量表，其信度、效度均得到了实证检验。

考虑到研究重点的不同及销售人员绩效的特殊性，关于销售人员绩效的测量，目前学术界主要有两种方法：一种是通过问卷调查的形式进行的，让销售人员自评或者让其主管领导进行评价；另一种则直接从企业的销售记录中提取一定时期内销售人员的销售额，以财务指标的方式进行考察。

2.3 信　任

为了更好地阐述信任上司的含义，有必要介绍一下信任的定义。在社会科学中，信任被认为是一种依赖关系。值得信任的个人或团体意味着他们寻求实践政策、道德守则、法律和其先前的承诺。卢曼对信任的定义为："信任是为了简化人与人之间的合作关系。"在现代社会中，无论从经济来看还是从社会生活来看，信任已经被赋予了新的含义：对可能存在的危机或者潜在的困难依然保持正面期待，就叫信任。McAllister（1995）认为信任是个体对他人的相信程度，并愿意基于他人的语言、行为和决定采取行动。从认知的角度，Mayer等人（1995）把信任定义为"一方不顾监督或控制另一方的能力，仅基于另一方会执行一项对于自己而言很重要的特定行为的期望，而接受自己变得脆弱的意愿"。很多学者从被信任者的视角对信任的维度进行了划分，如能力、善意和正直三个维度，或者将信任分为能力型信任和善意型信任。

国内外许多学者从不同的研究角度对组织信任的概念进行了界定，我们把组织信任概念总结在表2-6中。

Podsakoff等（1990）提出组织信任是员工信任上司的程度和员工信任相关工作同事的程度。席酉民等（2004）认为组织信任是员工相信，组织中的大多数员工会采取对组织有利的特定活动，并承认和保护所有成员所从事的组织任务的权力和利益。Robertet等（1998）认为员工对组织的信任程度是指员工通过对组织的整体评估，认同组织的政策方针，同时在不能监控组织的情况下，愿意将自己暴露在容易受伤害的境地。Nyhan和Marfowe（1997）将组织信任定义为"员工之间互动产生的信任和员工对组织整体的信任"。Costigan、Itler和Berman（1998）认为组织信任是员工对整个组织的信任以及监督者与组织成员、同事之间的信任关系。在组织行为领域，组织信任的研究可依研究对象划分为组织间的信任和组织内部信任。组织内部信任可分为两个构念：一个是

表 2-6 **组织信任的定义**

作者	文献时间	组织信任的定义
Eisengerger	1986	组织信任是员工对组织重视员工贡献及关心员工程度的整体信任，此种整体的信任称为“察觉的组织支持”
Graen 等	1987	主管与员工两个人之间的关系，一般称为“领导者与员工之间的交换关系”
Malnight 和 Tich	1989	组织信任是工作团体之间、公司之间、客户与供应商之间进入解决问题阶段的起点
McCauley 和 Kuhnert	1992	水平信任：同级之间的信任关系； 垂直信任：员工与主管、高级管理者、整个组织之间的信任关系
林钲琴	1996	同级信任：同事之间的信任关系； 上级信任：与上级之间的人际信任关系； 组织信任：对组织整体非人际的信任关系
Nyhan 和 Malowe	1997	个人信任：组织成员人际互动后对彼此的认识和了解； 系统信任：组织成员整体的信任关系
Costigan、Itler 和 Berman	1998	关系信任：监督者与组织成员、同事之间的信任关系； 系统信任：组织成员对高级管理者、整个组织的信任关系
张文华	2000	两人信任：员工对管理者能力、能否关心与支持员工的看法； 系统信任：员工对组织的公平性、承诺与支持的看法
徐杨顺	2001	对管理者的信任：组织成员对管理者的信赖程度； 对同事的信任：组织成员对同事的信赖程度； 对组织的信任：组织成员对整个组织的信赖程度

资料来源 刘颖. 企业员工组织信任的内容结构及相关问题的研究[D]. 广州：暨南大学，2007.

组织成员对组织的信任（系统信任），另一个是人与人之间的信任（人际信任）。组织中的人际信任包括上司与下属间的垂直信任、伙伴或同事间的水平信任，上司-下属间的垂直信任关系又可划分为对上司的信任及对下属的信任两个构念。

组织内员工信任上司是信任的一种情景化，它是指组织中下属对其直接上司的信任。基于McAllister（1995）和Brashear（2003）等的研究，可以把销售人员信任上司定义为：销售人员信任上司是指销售人员对其上司的相信程度，并愿意基于其上司的语言、行为和决定采取行动。Williamson（1985）认为当销售主管选择相信下属时，他面临高风险和高经济成本。从这个视角，Ouchi（1979）推断，为了促进合作行为，人们必然会平衡他们相互之间的监督和信任关系。在组织间背景下，学者们从不同的视角对信任的前因进行了探索，发现一些因素诸如控制、共同价值、支持、文化相似性、目标一致性、名誉、组织结构和文化等，都影响信任的形成。上司的特征对员工信任上司的影响受到了学者们的关注。郑伯壎（1999）对华人社会中上下关系的研究表明，影响下属信任上司的主要因素是彼此间的关系、上司的善意与正直。Farh等（1998）对中国背景下上司和下属间的配对研究表明，受教育程度和性别的相似性会对下属对上司的信任产生显著的影响。Wong等（2003）的研究则表明，员工对上司的信任受到上下级关系的显著影响。另外，员工信任上司受到组织氛围的影响也是学者们关注较多的地方。Podsakoff等（1996）的研究表明，工作反馈会对信任产生显著的影响。Pillai等（1999）的研究表明，分配公平性对于员工对上司的信任影响并不显著，但程序公平性显著影响员工对上司的信任。Aryee等（2002）的研究表明，互动公平性会对员工信任上司产生显著影响。Wong等（2002）对广东四家合资企业的295名员工及其直接上司的研究表明，员工与上司之间的互动公平性显著影响员工对上司的信任。

员工对上司的信任程度势必会对个体的态度与行为产生显著影响，进而促进或阻碍个体与组织绩效的改善。Costigan等（1998）的研究表明，员工对上司的信任与员工对组织报酬体系的感知效能显著正相关。Tan等（2000）发现，员工对上司的信任显著影响员工对上司的满意感和员工的离职意愿。Davis等（2000）发现，员工对总经理的平均信任度会对员工的离职意图产生显著影响。信任上司不仅会对员工的行为意图产生影响，还会对包括组织公民行为、知识共享行为和创新行为等在内的员工行为产生影响。Aryee等（2002）选择了不同的维度划分标准，结果也表明信任上司对个体的组织公民行为和组织的组织公民行为都会产生显著的影响。韦慧民和龙立荣（2009）对我国员工与上司关系的研究表明，员工对主管的认知信任通过注意聚焦的完全中介作用正向影响员工的任务绩效和组织公民行为；员工对主管的情感信任一方面直接影响员工的任务绩效和个体指向公民行为，另一方面通过情感承诺间接影响员工的任务绩效和组织公民行为。此外，员工对主管的情感信任对员工行为和绩效的影响作用要大于员工对主管的认知信任的作用。吴明隆等（2009）对我国电子制造企业员工的调查显示，辱虐管理会破坏员工对上级（上司）的信任，继而降低任务绩效水平和组织公民行为；传统员工对辱虐管理的耐受力更强，相对于非传统员工，传统员工较少因为上级（上司）的辱虐管理而降低对上司的信任。匡萍波和凌玲（2009）发现，对上司的信任有助于强化员工的工作满意度对组织承诺的促进作用。Wong等（2002）、Goris等（2003）和李宁等（2006）均发现信任主管有助于改善员工的工作绩效。与组织内部一般员工信任上司方面的研究相比，销售人员信任上司的相关研究较少。鉴于销售人员与一般员工的工作特征存在诸多显著的差异（Lopez & McMillan，2009），销售人员信任上司的前因后果及影响因素研究具有一定的特殊性，这方面的研究还有待进一步开展。

已有研究证明，信任对于建立不断发展的组织和员工关系是一种重要的机制（Morgan & Hunt，1994；Atuahene-Gima & Li，2002；Brashear，Manolis & Brooks，2003），因此，深刻理解信任在管理销售人员行为中的作用对销售管理研究者和管理者都是很重要的。

2.4 中国人传统性

文化本身是一个动态的概念，是一个历史的发展过程，因此，文化既具有地域特征和民族特征，又具有时代特征。在历史意义上，中国文化既包括源远流长的传统文化，也包括中国文化传统发生剧烈演变的近代文化与现代文化。中国传统文化是中华文明演化而汇集成的一种反映民族特质和风貌的民族文化，是中华民族历史上各种思想、观念的总体表征，是指居住在中国地域内的中华民族及其祖先所创造的、为中华民族世世代代所继承和发展的、具有鲜明民族特色的、历史悠久、内涵博大精深、传统优良的文化。

中国有悠久的历史，传统文化的影响根深蒂固。经过剧烈的社会变迁，中国人的特性已经发生了巨大变化，但我们身上仍然保留了许多中国传统文化的烙印，这些特性作为人格特征的一方面体现在现代中国人身上，影响个人社会生活的方方面面（刘军等，2008）。以往的研究显示，在文化方面中国人与西方人有不同的特性。Hofstede（1980）指出中国文化拥有高权力距离、低不确定性规避与集体主义的特性，而杨国枢（1993）也提出四个取向——家庭取向、关系取向、权威取向以及他人取向来说明中国人的特性。

中国传统社会是基于儒家思想的五个基本关系（五伦），即君臣、父子、兄弟、夫妇、朋友。在以往关于中国人的性格与文化价值观取向的研究中，传统性（Chinese Traditionality）被认为是最能描述中国人性格与价值观取向的概念之一。杨国枢等（1989）认为具有文化特征的传统性强调人与人之间的关系和价值，如权威、孝道、祭祖、男权、宿命论等。Schwartz（1992）把传统性定义为“对传统社会习俗和规则的承诺、尊重和接受”。中国人传统性一般包括五个维度：遵从权威、孝亲敬祖、安分守成、宿命自保以及男性优越。Farh等人（1997）将中国人传统性带入组织管理研究领域，主要聚焦遵从权威这个维度，强调个人对依据儒家五伦思想所定义的等级角色关系的认可程度。

在中国社会，传统文化的特征包括对权威的尊重、孝顺、崇拜祖先、宿命论和一般意义上的无力感（Yang，Yu & Yeh，1989）。因为尊重权威是中国人传统性的一个关键方面（Farh et al.，1997），研究人员（Hui，Lee & Rousseau，2004）证明，高传统性的员工与高权力距离的员工有相似的特征，而低传统性的员工和低权力距离的员工有相似的特征。Hofstede（1991）把权力距离定义为“在一个国家，组织和机构中那些没有什么权力的成员期望并接受权力不平等分配的程度”。

中国人传统性在组织的上下级关系中通常表现为传统社会所普遍强调的上尊下卑角色关系与义务，如上级可对下级施加影响而不受角色规范的约束，但下级应该无条件和无批判性地尊敬、信任和服从上级。中国人传统性这一极具中国文化背景特质的因素对企业员工的工作认知、态度、情感、行为和绩效的影响已经越来越受到学者们的关注，但其在营销管理领域的应用研究仍极为少见，尤其是对销售人员的工作认知、态度、情感和行为的影响尚有待探讨。

2.5 顾客导向

2.5.1 顾客导向研究的发展

1954年，著名管理学家德鲁克提出企业的所有活动都应当围绕顾客的需求而展开。企业开展研发、生产、销售等活动的最终目的都是促使顾客购买、满足顾客的需求。德鲁克的这一提法也成为顾客导向理论的思想萌芽。

20世纪60年代，美国的铁路、能源、食品及影视业等曾经快速增长的行业逐渐显现出衰退之相，Levitt对此进行了长期而且深入的研究，在此基础上，《营销近视症》这篇在营销界具有划时代意义的论文于1960年在《哈佛商业评论》上发表。在这篇论文中，Levitt引入了“以顾客为导向”的营销观念。Levitt认为，上述曾经快速增长的行业之所以呈现衰退，就是因为以产品为导向的营销观念长期主导这些行业，使得这些行业不可避免地患上了“营销近视症”，最终使其无法得到长期的、健康的、持续的增长。同时，Levitt还指出，以顾客需求为导向是企业获得长期生存和发展的必备要件。此时，顾客导向理论初现端倪。

20世纪末，随着互联网的普及，消费者拥有更多的机会接触市场信息。同时，科学技术的进步使生产力得到迅速发展，市场逐渐由卖方市场转变为买方市场。在这一背景之下，以顾客为导向的市场营销观念越来越受到企业界和学术界的关注和重视。Slater和Narver（1990）指出，顾客导向观念强调的不仅仅是对顾客当前需求的洞察，而且包括对顾客潜在需求的认知。Days（1994）又进一步指出，顾客导向具有完整的范畴，它既是有效改进组织价值、信任、履行承担责任的能力的基础，也是构建企业-顾客双向关系的平台。

进入21世纪，学者们对顾客导向理论的研究更加深入。科特勒在其传世巨著《营销管理》中进一步对“顾客导向”的营销思想进行了细致的阐述。科特勒认为，顾客导向观念是一种营销哲学，在这种思想的指导之下，顾客是企业最重要的资源。如果企业不能得到顾客的信任和合作，那么该企业长期健康发展的设想就不可能成为现实。在科特勒的引导下，营销学界及企业管理者对顾客导向理论也更加重视，越来越多的学者开始广泛地投入到对顾客导向理论的研究之中。至此，顾客导向理论进入了全面发展阶段，也成为当今学术界研究的热点。

2.5.2 顾客导向的定义

随着学术界及企业界对顾客导向研究的兴起，有关顾客导向理论的研究成果也不断涌现。学者们的个人经历不同，其选取的研究视角也不尽统一，这就使得不同的学者对顾客导向的理解也不相同，因而他们给顾客导向下的定义也不一样，详见表2-7。

基于上述对顾客导向定义的梳理，我们认为销售人员顾客导向是一种内在动机以及在此动机的激发下产生的相关行为，因此本章沿用Stock和Hoyer（2005）的观点，认为顾客导向应当从态度和行为两个维度来考察，并以他们关于顾客导向的定义为基础。

2.5.3 顾客导向的维度

国内外现有关于顾客导向的研究已经表明员工顾客导向在营销驱动型企业中对营销概念的施行起着至关重要的作用，但其中的大部分研究并没有深入到顾客导向的维度层面。关于顾客导向维度的划分目前在学术界还没有一致的认识。

最先尝试从员工个体层面直接对顾客导向进行测量的是Saxe和Weitz（1982），他们开发了一个包括24个测项、两个维度的量表。两个

表 2-7　　**顾客导向的定义**

代表人物	时 间	定 义
Deshpande	1993	顾客导向是指企业为了持续获利而将顾客利益放在优先于所有者、管理者和员工利益的第一位
Slater	1995	顾客导向是一种重视为顾客创造价值并把它当成一种至高无上的组织目标以提供组织发展规范及舆论的组织文化
Rogelberg	1999	服务倾向是员工与顾客服务质量认知相关联的特质的综合，这些特质包括适应性、合群性及宜人性等
Brown	2002	顾客导向是员工在工作条件下满足顾客需要的心理倾向或素质；顾客导向包括享受和需要两个维度，他还提出了顾客导向的层次模型
Rindfleish	2003	顾客导向是指优先考虑顾客利益并不断创造顾客价值的一系列行为和信念
Susskind	2003	顾客导向体现了服务提供者对顾客的承诺水平。当服务提供者为了满足顾客的需要，常规性地调整其服务质量时，就是顾客导向
Donavan	2004	顾客导向是一种满足顾客需求的持久倾向，它在一段时间内表现出一致性，可将它看作层次个性模型的一种表层个性特质
吴清津	2004	顾客导向与服务导向没有本质区别，其包括三个方面的内容：负责精神、营销导向和情感密集。员工服务导向意识和对工作职责及企业内部环境的认知程度密切相关
Stock 和 Hoyer	2005	顾客导向是以顾客的需求为中心并以满足顾客的需求为目的的，包括顾客导向态度和顾客导向行为两个方面
胡杨、刘群慧	2010	顾客导向是一种价值观念和经营理念，是一种深层次的组织文化

维度分别是顾客导向和销售导向，而没有对顾客导向的构成进行更加深入的划分。Brown 和 Mowen 等（2002）在 Michaels 和 Day（1985）及

Tadepalli（1995）研究的基础上将顾客导向划分为需要和享受两个维度。需要维度以Saxe和Weitz（1982）的顾客导向为基础，强调员工对自己满足顾客需求的能力充满信心；享受维度代表员工在与顾客进行交流、为顾客提供服务过程中的快乐程度。

Stock和Hoyer（2005）将顾客导向的构成细分为顾客导向的态度及顾客导向的行为两个维度。顾客导向的态度被定义为销售人员为顾客着想或不为顾客着想的情绪，它涉及在与顾客沟通过程中销售人员的亲和力以及销售人员从个人绩效和企业绩效两个层面对顾客导向的重要性的理解。他们对顾客导向行为的划分依然以Saxe和Weitz（1982）的研究成果为基础，这里顾客导向行为被定义为"销售人员通过自己的行动来帮助顾客并提升顾客满意度的行为"，这种行为包括诸如帮助顾客识别真实的需求、探讨顾客的需求以及通过信息而不是压力的方式影响顾客的决策。值得注意的是，基于学者们对社会心理学及市场营销学中态度和行为两个构念的长期研究（Fishbein & Ajzen，1975；Wilkie & Pessemier，1973），Stock和Hoyer（2005）认为顾客导向态度和顾客导向行为两个维度在判别效度方面有明显的区别，因为它们所测量的是顾客导向的两个不同方面。

除了上述关于顾客导向维度的划分外，Homburg等（2011）在销售接触情景下，根据Jobber和Lancaster（2006）划分的销售接触的五个阶段将顾客导向又细分为五个维度。

纵观上述关于顾客导向维度的划分，每种划分都从不同的视角对顾客导向进行了深入的探讨，本章以Stock和Hoyer（2005）关于顾客导向维度的划分为基础来进行研究。

2.5.4 顾客导向的测量

国内外关于顾客导向的研究已经非常深入，关于顾客导向的测量也有很多成果。由于学者们开发量表时的视角、个人认识等原因，顾客导向测量量表的种类很多，我们将那些被广泛认可、通用性较好的量表进行了整理和归纳，见表2-8。

表 2-8 **顾客导向的测量量表**

企业层面的测量量表		个人层面的测量量表	
代表人物	主要观点	代表人物	主要观点
Saxe 和 Weitz（1982）	他们提出SOCO测量模型（Selling Orientation- customer Orientation），将顾客导向划分为积极和消极两个维度，每个维度包含12个测项。该量表让销售人员进行自我评估，帮助他们分析顾客的期望，揣测客户的需求，提供满意的产品。该模型提出以后，立刻成为顾客导向测量的基础，被大量的顾客导向实证研究借鉴	Narver 和 Slater（1990）	他们根据市场导向的操作化定义，开发了测量市场导向水平的量表（称为MKTOR量表）。该量表包含三个维度：顾客导向、竞争导向和跨部门协调
Susskind（2003）	他根据自己对顾客导向的定义，开发了顾客导向量表，包括五个题项：（1）当我工作时顾客对我最重要；（2）最好确保顾客受到最优的服务；（3）如果可能，我将满足顾客提出的所有要求；（4）作为负责提供服务的员工，顾客对我非常重要；（5）我相信提供及时、有效的顾客服务是我的一项主要工作	Navdeep（2005）	他在对顾客导向战略的传递研究中，结合 Hartline 和McKee（2000）对顾客导向战略的测量维度和Homburg（2000）对共同顾客导向价值观测量维度，从战略和文化角度对顾客导向进行测量，形成了顾客导向的战略量表

续表

企业层面的测量量表		个人层面的测量量表	
代表人物	主要观点	代表人物	主要观点
Donavan (2004)	他采用定性研究，开发了一个四维顾客导向量表，包括培育顾客的需要、了解顾客需要的需要、个人关系的需要以及传递所要求的服务的需要	Stock 和 Hoyer (2005)	他们在对顾客导向维度划分的基础上结合Michaels和Day （1985）的建议，用SOCO量表中的六个测项对顾客导向行为进行测量；顾客导向的态度方面，他们对Pecce和Rosenthal（2000）开发的情感顾客导向量表进行了扩展

2.5.5 顾客导向的前因和结果研究

国外关于顾客导向理论的研究兴起于20世纪80年代。Saxe和Weitz等（1982）从销售人员顾客导向角度展开研究，他们认为顾客导向型销售可以看作市场营销观念在单个销售人员和顾客层面的实践，也是销售人员开展销售工作的一种途径。Ronalde和Day（1985）在Saxe和Weitz（1982）研究的基础上，在工业领域对销售人员的顾客导向进行了测量。Appiah等（1998）以中小型企业为样本对顾客导向进行的实证研究表明，顾客导向对中小型企业的绩效有显著的正向影响。为了在员工个体层面更深入地对顾客导向进行研究，Stock和Hoyer（2005）将顾客导向进一步划分为态度和行为两个维度。Cross等（2006）又从企业层面和销售人员个人层面分别对顾客导向与销售人员绩效之间的关系进行了研究。

但是，Arndt和Karande（2012）在汽车零售商中关于销售人员顾客导向的研究表明，销售人员的顾客导向水平并非越高越好，而是存在一个最佳水平。Brockman和Jones等（2012）的研究表明，当创新性和风险水平都较低的时候，顾客导向对小型企业的绩效没有积极的影响。

国内学者对顾客导向的研究在借鉴和吸收国外研究的基础上，结合我国情况进行了本土化的探讨。陈晓山、堵双全等（1989）呼吁企业界将顾客导向思想贯彻到商业企业处理公共关系的实践之中。关于现代服务企业营销策略中员工顾客导向思想的基本概念，林卫红（1998）做了详细的阐述，她还就施行员工顾客导向思想提出了有实践价值的建议。由于服务人员服务的最终对象是顾客，吴清津（2004）认为顾客导向和服务导向是同一概念的不同表述，所以这两种提法没有本质区别。基于此，吴清津将顾客导向定义为“员工以优质服务满足顾客需要的意识”。只有当员工具有服务导向观念的时候，员工才能够为顾客提供优质的服务，而员工的服务导向观念受到组织内情境因素的影响。

随着研究的逐步深入，国内越来越多的学者发现一味坚持顾客导向观念也有局限性，也会给企业的发展带来困难。张中科（2001）指出，顾客导向只有在一定的约束条件下才能显现出优势，而且顾客导向能否起到积极作用与市场竞争环境有很大的关系。熊子健（2006）从人性假设、使用范围等方面对顾客导向的不足之处进行了阐述。针对这种状况，王维、范彦伟（2012）在现有研究的基础上，利用三元相图分析法在“顾客导向”与“超顾客导向”之间构建了临界状态模型，分析了企业营销战略导向的基本状态，并且运用logistic方程分析了状态演变过程，为企业营销战略导向的科学决策提供理论指导。

通过上述对国内外关于顾客导向研究的回顾，不难发现，现有研究主要从两个视角展开：第一个是人员销售视角；第二个是服务营销视角。虽然学者们的研究视角不同，但是总的来说学者们关注的重点集中在如下三个方面：第一，Saxe和Weitz（1982）开发的SOCO量表的有效性；第二，顾客导向前置因素的识别；第三，顾客导向可能带来的结果。

2.6 研究述评

综观以往正式控制领域的相关文献，我们不难发现，国内外学者对此问题已经有了丰富的研究，视角也较为丰富和开阔，但是，我们也看到了一些值得深入探究的问题。

2.6.1 正式控制对销售绩效的影响机制仍需进一步探索

尽管过去有研究从学习理论、角色理论等视角探讨正式控制影响销售人员行为和绩效的机制，但是我们仍然有必要从其他的理论视角来透视这一影响过程。组织行为学、社会心理学等领域的研究进展让我们可以从更丰富的视角去探讨正式控制与销售人员态度、行为与绩效之间的关系。正式控制与销售绩效之间的影响过程在某种程度上仍然处于“黑箱”状态，值得学术界进行影响效应与影响机制的深入探讨。不少研究对于这个机制的认识有不一致的地方，比如，正式控制是一种积极的手段还是一种有消极影响的控制策略？如果从员工需求满足的激励手段的角度来研究，正式控制可能通过正向积极的影响机制带来更好的业绩。如果正式控制造成信任的缺乏、压力的上升，则可能通过负向影响机制打击销售绩效提升的积极性。

2.6.2 正式控制不同的维度对销售绩效影响的差异化效应仍需要进一步厘清

理论研究表明，正式控制包含不同的维度，过去对这些维度与销售绩效之间关系研究的结论并不一致，对于不同维度之间是否存在交互影响效应的探讨还处于起步阶段，国内对于正式控制不同维度的影响的实证探讨仍不够丰富。过去的研究把正式控制定义为“一种组织层面所定义的制度”，而近年来的研究逐渐认识到正式控制也可能是领导层次的变量。事实上，领导者往往扮演组织代理人的角色，他们对于销售人员控制方式的调整具有较大的权限。领导者的正式控制策略、他们对组合的选择都可能对销售人员的绩效产生差异化影响，这需要进一步厘清。

2.6.3 中国情境特质元素影响效应的探讨比较缺乏

过去大量关于销售人员正式控制的研究都是在西方背景下展开的，对于销售人员管理的本土化研究尚显不足。我国组织内部员工受到传统文化的影响，他们的价值观、下属与领导互动的方式等都有中国传统特色。然而，过去的研究对中国情境因素的探讨比较缺乏，比如中国人的上下级关系就具有跟西方不同的文化特征，其工作外的交往内容更为特殊。此外，中国人强调“上尊下卑”的角色关系与义务（Farh et al., 2007）。我们有必要将中国人传统性、上下级关系等具有中国情境特质的变量纳入营销人员管理、正式控制策略的研究视野，探讨本土化情境因素对于正式控制对销售绩效影响机制。

2.6.4 顾客导向的影响因素值得在中国情境做深入探索

顾客导向研究已经逐渐成为销售人员研究的热点问题，但是当前对顾客导向概念的研究还有一些分歧。比如，有的研究将顾客导向作为一种价值观看待；而另一些研究则将顾客导向看作一系列销售行为，作为过程绩效的一个方面来探讨。在消费者需求变化加快、多样化需求更为凸显的时代，探讨销售人员如何通过策略调整来适应销售要求具有时代意义。最后，这一领域的中国情境探讨也比较缺乏，我们对于哪些中国情境因素激发了销售人员的顾客导向价值观念所知甚少，这也是需要进行深入探讨的地方。

3 正式控制交互作用、顾客导向与销售人员绩效的影响机制研究

3.1 问题的提出

销售人员是企业的战略资源之一，如何通过管理政策促使他们为企业价值提升以及战略目标实现而努力，一直是销售管理理论和实践所关注的重要研究话题（Wang，Dou & Zhou，2012；Piercy，Cravens & Lane，2009；吕涛、聂锐，2008）。销售工作往往需要销售人员以远离公司行政中心的方式接触分布在不同地域的顾客，如何在无经常当面沟通时仍能实施控制和激励就成为销售管理者面临的关键问题。为了解决这一问题，销售人员管理领域的研究指出，销售管理者实施对销售人员的监控、引导、评估以及奖赏活动，即进行销售人员管理控制，能够有效提升他们的业绩（Anderson & Oliver，1987）。销售人员管理控制可以进一步区分为由组织或管理者规定政策、制度、措施所组成的正式控制，以及由并未明文规定的习惯所组成的非正式控制（Jaworski，1988）。其中，正式控制因其普遍性和有效性成为近十年来销售人员管

理研究领域的热点（Kohli & Shervani，1998；吕涛、聂锐，2005），本章也将重点放在正式控制对销售人员业绩的影响机制探讨上。

正式控制可以进一步区分为结果控制和行为控制（Jaworski，1993）。结果控制指的是为销售人员设定销售业绩指标并以此为标准进行奖赏，行为控制则是指销售管理人员对下属的销售过程展开监控、评估以及反馈（Babakus et al.，1996）。学术界对于这两种控制方式持有彼此替代和彼此互补两种不同的观点。持有替代观的Oliver和Anderson（1994）认为这是两种不同的控制策略（Oliver & Anderson，1994）。与实施行为控制的管理者相比，实施结果控制的管理者仅按照销售人员最终业绩来实施激励，而较少监控和评估其行为过程。研究指出，如果同时使用两种手段会对销售人员的问题解决过程起负向的影响作用（Wang，Dou & Zhou，2012）。而持有互补观的Jaworski（1988）及其研究的跟随者则指出，两种正式控制手段彼此互补，而且联合使用的效果更为理想（Jaworski，1988；Cravens，Lassk & Low，2004）。由此产生的问题是：行为控制和结果控制分别对销售人员绩效的影响是负向的还是正向的？两种控制的交互效应又如何影响销售人员的绩效？

目标设定理论（Goal-setting Theory）可能对上述研究问题的解答提供新的视角。该理论清晰地阐明了目标的激励作用在什么条件下具有最大化效应。具体来说，若目标设定后个体能够得到关于目标完成过程的反馈信息，则目标所起的激励作用更为明显（Locke，1968）。基于此，我们探讨了结果控制和行为控制的交互作用对销售绩效的影响。目标设定理论进一步解释了目标是如何对个体的绩效产生激励作用的机制，即通过目标的专注、努力与坚持形成行为绩效的过程（Locke，1968）。为了进一步检验这一作用过程，本章选择了顾客导向行为作为中介变量。由此，我们构建了一个单层次被中介的调节效应（交互效应）模型，整体验证正式控制对销售绩效的影响机制。

通过上述研究，本章进一步推进了正式控制对销售绩效影响研究的理论发展。首先，本章从目标设定理论的视角探讨了销售绩效的形成机制。过去的研究大多基于内部动机理论探讨正式控制对销售绩效的影响过程（Miao，Evans & Shaoming，2007；Piercy，Cravens & Lane，

2001)。内部动机理论主要解释正式控制如何激发员工产生对销售任务的兴趣和愉悦从而提升销售绩效的影响机制，但是，这一解释忽略了个体要达到具体的绩效要求，除了要有兴趣也要有任务完成的专注、投入以及策略。本章关注结果控制作为上司设置的目标激发员工自己建立对顾客进行个性化销售的目标和灵活行动的策略。其次，本章揭示了结果控制和行为控制这两种正式控制策略对销售人员销售绩效的交互影响效应，探讨了结果控制的积极影响如何被放大，从而厘清学术界对两种控制策略影响效应差异的争论，拓展了两种控制策略交互作用影响机制的探讨。从实践意义来看，本章不仅提醒销售管理人员要为下属设置目标，也要帮助和激发下属设计完成目标的策略，为他们在行为控制和结果控制的采用方式上提供帮助和支持。

3.2 文献回顾与理论假设

3.2.1 销售人员结果控制与销售绩效

正式控制中的结果控制是指管理人员为销售人员设定具体的销售业绩指标，并根据指标的完成程度（达成比例）来奖赏销售人员(Anderson & Oliver，1987)。管理人员可以调控结果控制程度来改变对销售人员的激励水平。结果控制水平越高，上司对下属的销售额、销售利润等指标的完成情况要求越高，对应的奖赏报酬也越高（Jaworski，1988)。目标设定理论指出，设定较高的目标对个体绩效的影响包含三种直接影响机制，分别是专注、努力以及持续性（Locke，Shaw & Saari，1981)。具体到销售情境，当上司设定较高的销售业绩标准时，销售人员就可以把精力集中到关键业绩目标上（如能够带来更大利润的产品销售)，排除无关目标事务的干扰，保持对目标的专注度（Miao，Evans & Shaoming，2007)。此外，销售人员愿意为高目标付出更多的精力，因为达成目标可以得到更多的奖赏。更高的销售提成等奖励是付出努力的正向外部激励因素（Piercy，Cravens & Lane，2001)。此外，持续性指的是个体愿意为目标投入的时间长短。高绩效标准和奖赏是由上司下达的，具有一定的权威性和限制性，对销售人员的收益会产生直接的影响。这就促使销售人员在遇到挫折时仍然愿意去应对挑战，克服困难，投入更多的时间去完成销售标准。由于结果控制起到了目标设定的作用，它激发销售人员专注于业绩标准，为之付出努力，并愿意长时间尝试，从而起到提升销售绩效的作用。由此得到以下假设：

假设1：上司对销售人员的结果控制较强时，销售人员的销售绩效较高。

3.2.2 行为控制与结果控制的交互作用对销售绩效的影响

与实施结果控制的管理者只关心销售业绩是否达成而不关心销售过程不同，实施行为控制的管理者更注重对销售人员的销售过程保持关注，并给予具体的指导。行为控制不仅关心可测量的销售业绩，也关心销售人员的销售技巧水平、顾客忠诚度等难以测量的销售绩效（Ahearne，Rapp & Hughes，2010）。当管理者实施更强的行为控制时，他们更多地观察和了解下属的销售过程和技巧，为其设定行为规范与标准，提供销售行为是否符合要求以及如何改善的指导意见（Piercy，Cravens & Lane，2009）。行为控制水平高，也意味着管理者给定了评估的标准，有规律地反馈下属的销售行为是否达到标准，并给予提升其销售绩效的个性化建议（Wang，Dou & Zhou，2012）。

目标设定理论指出，反馈是“目标设定-绩效”关系之间重要的调节因素。如果目标设定以后，个体能够得到及时的反馈，那么目标设定与绩效之间的关系将得到强化。研究表明，不仅正向反馈（对过程的积极评价）可以提升个体绩效，负向反馈由于给出了改变策略、节省精力等信息，也能帮助个体改善目标完成过程（Lam，Huang & Snape，2007）。概括而言，过程反馈可以帮助个体决定自己的目标注意力是否需要调整，努力投入的程度和方向是否需要转变，花较长的时间是否必要以及策略是否需要重设等，而这些都能有效强化目标设定与绩效之间的关系（Locke & Latham，1990）。

基于上述理论，在销售情境中行为控制能够发挥过程反馈的作用，从而改变结果控制对销售绩效的影响效应的大小。具体来看，当上司给销售人员设定较清晰的绩效标准以及奖赏激励时，销售人员在权威和激励导向下将上司设定的目标纳入自己的绩效目标体系中。然而，在如何分配精力、设计策略、保持专注上，销售人员仍然只能依靠自己进行判断和决策，因为结果控制并不注重过程的调控（Baldauf，Cravens & Piercy，2005）。若结果控制较强的同时上司也为销售人员提供较高水平的行为控制，则在目标实现过程中提供了个性化的反馈信息。其中，正面的反馈信息可以鼓舞销售人员按照现有的方向继续专注、投入到目标之中，提升了目标承诺度（West，Bagwell & Dark-Freudeman，2005）；而负面反馈信息则可以帮助销售人员调整销售策略、对绩效标准有更清楚的认知从而有效集中注意力，也可以通过反馈信息更新销售技巧。相反，当上司的结果控制水平较高而行为控制水平较低的时候，销售人员可能因为缺乏方向引导和方法建议而迷失方向。他们可能只把注意力集中在能够马上产生销售业绩的原有产品上面，而忽略需要额外新的销售知识和技巧的新产品销售（Ahearne，Rapp & Hughes，2010）。由此得到以下假设：

假设2：行为控制与结果控制的交互效应对销售绩效存在交互影响，即上司对销售人员的行为控制较强、结果控制也较强时，销售人员的销售绩效较高。

3.2.3 顾客导向行为对正式控制维度交互效应的中介作用

目标设定理论进一步指出，在设定目标与绩效关系的影响机制中，专注、努力和持续性三种机制属于直接影响机制，而策略则属于间接影响机制（Locke & Latham，1990）。换句话说，策略影响机制是目标设定与绩效关系之间的中介机制。目标设定给予个体动力对目标专注、投入并保持持续性，但目标的实现仍然需要设计路径以及采取适应性方法。策略机制又称为知识和任务策略机制，包含技巧积累和探索以及问题解决过程。对于简单的任务，目标设定会激发个体采用常规性策略完成目标要求（Wood & Locke，1990）。而对于复杂的任务，较高的目标设定则促使个体探索新技能，调整自己的方法以解决新问题，从而提升任务绩效。

在销售管理情境中，当上司为下属设定了较高的销售目标，并在销售的不同阶段给予行为标准与信息反馈时，销售人员更有动力也有更多技巧去面对不同客户以及不同的产品/服务销售任务。在这个过程当中，由于不同客户需求存在差异，销售人员在目标引导下仍然要根据客户的诉求来调整自己的销售方式，甚至要提供与原来的设定不同的产品/服务解决方案来应对客户的需求。在金融、定制家具等行业，销售人员需要使用更多的个性化的产品/服务组合，采用新的销售方案和工具来促成订单的签订。当结果控制辅以过程的行为监督指导时，销售人员能够有效地在上司帮助下探索适应客户需求的新方案来解决客户的问题。而顾客导向行为指的就是以实现顾客满意为目的的一组销售行为（Zablah，Franke & Brown，2012）。当销售人员更多考虑顾客不同的需求并为之设计销售策略时，他们的顾客导向行为就越来越频繁了。过去大量研究表明，顾客导向行为由于能够实现个性化、有针对性的销售过程，因而能提升销售绩效（Plouffe，Hulland & Wachner，2009）。可以说，顾客导向行为是销售人员根据顾客需求，设计与之匹配的销售方案和策略，并为满足顾客具体要求和上司的绩效要求而努力的行为。基于此，顾客导向行为发挥了策略机制的间接影响作用，而这一影响作用是目标设定与绩效之间的桥梁（Earley & Perry，1987）。

以上假设和推导综合起来，就形成了一个完整的研究框架：结果控制和行为控制对销售绩效产生交互影响，而顾客导向行为则在这两种正式控制的交互效应与销售绩效之间发挥了中介作用。根据被中介的调节原理（Edwards & Lambert，2007），这种对交互效应的中介作用的具体表现为：当上司对下属的结果控制和行为控制都较强时，两者能共同激发下属的顾客导向行为，从而对销售绩效发挥更强的正向影响效应。当两种控制水平一高一低时，销售人员要么因为缺乏高目标引导，要么因为缺乏过程指引，顾客导向行为的中介效应相对较弱。而如果两种控制水平都较低，则顾客导向行为的中介效应最小。由此得到以下假设：

假设3：销售人员的顾客导向行为在结果控制和行为控制的交互作用与销售绩效之间起中介作用。具体来说，结果控制与行为控制水平较高时，他们两者通过顾客导向行为中介作用影响销售绩效的效应也较强。

3.3 研究方法

3.3.1 调研程序

由于销售人员往往分布在不同的销售区域，因而本问卷调查一部分由研究者在公司的销售主管、总经理或者人力资源管理者协助下到公司现场（如连锁门店、销售人员大会等场合）派发和回收；另一部分以网络问卷的形式由研究者发送问卷网络地址给销售总监（主管），再由他们发送给该公司的销售人员调研对象。调研企业总部在广东省内，参与调研的销售人员所属分支机构则分布在广东、安徽、福建等地。参与调研的企业为16家公司，分布在家具、家电、金融、电子、软件服务、化工等多个行业。研究者分别向销售人员发放包含结果控制、行为控制、顾客导向行为、销售绩效以及控制变量的问卷，待销售人员填写完成后，研究者当场回收问卷带走。对于网络问卷，则通过问卷发布网站回收数据。在整个过程中，研究者向被调研者说明所有的调研以匿名形式进行，向参与调研的销售人员做出保密保证。

研究者现场调研发出250份问卷，回收的问卷为225份，回收率为90%。回收问卷中剔除了数据缺失较多的问卷以后，得到有效问卷213份，最终的回收率为85.2%。网络调研发出问卷80份，回收问卷71份。由于愿意填写网络问卷的人必须完整填写所有题项才能提交问卷，因此不存在提交的问卷有缺失数据的问题，问卷的回收率为88.8%。两种途径的问卷总体回收率为86.1%。在样本的结构方面，女性员工的比例（43.3%）低于男性员工的比例。销售人员样本年龄趋于年轻化，其中21~25岁的比例达到35.6%，26~30岁的比例为23.6%，31~35岁的比例为22.9%。在受教育程度方面，学历层次集中在高中到本科，其中高中学历占26.4%，大学专科学历占44%，大学本科学历占26.1%。在公司工作时间方面，不满1年的占26.8%，1~3年的占31%，5~10年的占20.8%。与领导的共事时间方面，不满1年的占38.7%，1~3年的占

37.4%，3~5年（11.6%）的比例较高。职位层次方面，大多是基层销售人员，其中基层销售人员占55.6%，中层销售人员占26.5%。

3.3.2 测量工具

（1）结果控制

我们使用Evans等人（2007）开发的5条目结果控制量表（Evans, Landry & Li, 2007）。举例条目为“我的上司会为我的销售工作设立量化业绩目标”“若我的量化销售业绩超过了我上司给我设定的目标，他会使我得到更多报酬”。量表的信度系数是0.79。

（2）行为控制

量表来自Evans等人（2007）开发的行为控制量表，共有4个条目（Evans, Landry & Li, 2007）。举例条目为“我的上司会给我明确规定完成指定销售任务的步骤应该是怎样的”，“我的上司会经常向我反馈我完成销售业绩步骤存在的问题和其他情况”。量表的信度系数为0.84。

（3）顾客导向行为

问卷来自Homburg等（2011）的13个条目问卷（Homburg, Müller & Klarmann, 2011）。举例条目为“我会调整我的销售言辞去迎合顾客的兴趣”，“在销售对话中，我会表现出对客户个人境况的高度关心”。量表的信度系数为0.90。

（4）销售业绩

量表来自Evans等人（2007）的7题项量表（Evans, Landry & Li, 2007）。其中的条目包括“我创造了高水平的销售业绩”，“我能够销售可以带来长远收益的产品和合同”。量表的信度系数为0.91。

上述变量的测量采用从“非常不同意”到“非常同意”的里克特七分量表。控制变量包括年龄、性别、教育水平、在公司的工作年限、与上司共事的年限以及职位层次。

3.4 研究结果

3.4.1 概念区分性的验证性因子分析

本章对个体层次四个变量进行了验证性因子分析。为了避免潜变量的显示条目过多所导致的结构方程不能识别的问题，本章依据探索性因子分析的结果对结果控制、行为控制、顾客导向行为和销售绩效的显示条目进行打包。结果控制的5个条目、顾客导向的13个条目、销售绩效的7个条目被打包分成3个部分，行为控制的4个条目被打包为2个部分。表3-1是概念区分性的验证性因子分析结果，可以看到，4因子模型比其他嵌套模型的拟合效果都好。这表明本章的4个变量之间具备良好的区分性。

表3-1 **概念区分性的验证性因子分析结果**

模型	所含因子	χ^2	df	χ^2/df	RMSEA	GFI	CFI	NNFI
基本模型1	4因子模型：OC，BC，CO，SP	121.48	48	2.53	0.074	0.93	0.98	0.97
模型2	3因子模型：OC+BC，CO，SP	254.32	51	4.99	0.120	0.87	0.93	0.93
模型3	3因子模型：OC，BC，CO+SP	522.49	51	10.24	0.190	0.75	0.87	0.83
模型4	2因子模型：OC+BC，CO+SP	653.30	53	12.36	0.210	0.71	0.83	0.79
模型5	单因子模型：OC+BC+CO+SP	1 458.29	54	27.01	0.300	0.54	0.68	0.60

注：OC表示结果控制，BC表示行为控制，CO表示顾客导向行为，SP表示销售绩效；“+”代表两个因子合并为一个因子；n=284。

3.4.2 各变量间的相关性分析

表3-2给出了本章所涉及的9个变量的均值、标准差、相关系数以

及信度系数。结果控制和顾客导向行为（r=0.37，p≤0.01）与销售绩效（r=0.23，p≤0.01）显著正相关，行为控制与顾客导向行为（r=0.38，p≤0.01）以及销售绩效（r=0.31，p≤0.01）显著正相关。顾客导向行为与销售绩效（r=0.53，p≤0.01）显著正相关。

表 3-2　　**变量的均值、标准差、相关系数以及信度系数**

	均值	标准差	1	2	3	4	5	6	7	8	9	10
1.年龄	3.27	1.27										
2.性别	0.56	0.50	0.33**									
3.学历	3.01	0.82	0.09	0.16**								
4.公司工作年限	2.44	1.22	0.54**	0.27**	0.05							
5.与上司共事年限	1.97	1.03	0.41**	0.20**	-0.03	0.67**						
6.职位层次	1.63	0.80	0.59**	0.37**	0.10	0.54**	0.43**					
7.结果控制	5.86	0.99	-0.09	-0.02	-0.08	-0.10	-0.05	-0.19**	(0.79)			
8.行为控制	5.39	1.21	-0.07	-0.02	-0.07	-0.10	-0.08	-0.16**	0.67**	(0.84)		
9.顾客导向行为	6.09	0.72	0.10	0.07	0.13*	0.11	0.00	0.05	0.37**	0.38**	(0.90)	
10.销售绩效	5.56	0.97	0.31**	0.26**	0.12*	0.27**	0.17**	0.24**	0.23**	0.31**	0.53**	(0.91)

注：n=284；*p≤0.05；** p≤0.01；括号内数值是量表的内部一致性信度。

3.4.3　假设检验

本章使用层次回归的方法来检验假设1和假设2。从表3-4的模型5可以看出，结果控制对销售绩效的回归系数为0.28（p≤0.01）。由此，假设1得到了实证结果的支持。此外，我们从表3-4的模型6可以看出，当加入了结果控制与行为控制的交互项以后，交互项的回归系数为0.24（p≤0.01），由此可见，本章的假设2得到了实证数据的支持。

本章进一步检验了顾客导向行为在两种控制的交互效应与销售绩效

关系之间的中介作用。根据Muller、Judd和Yzerbyt（2005）所提出的被中介的调节效应（交互效应）的检验方法（Muller, Judd & Yzerbyt, 2005），要确认交互效应被中介了需要满足四个条件：第一，自变量（本章为结果控制）与调节变量（本章为行为控制）的交互项与中介变量（本章为顾客导向行为）之间存在显著的相关关系；第二，在控制了其他预测变量以后，自变量与调节变量的交互项与因变量（本章为销售绩效）之间存在显著的相关关系；第三，在控制了中介变量与调节变量的交互项以及其他预测变量的情况下，中介变量仍然与因变量之间存在显著的相关关系；第四，在中介变量进入回归方程后，自变量与调节变量的交互项变得不再显著，或者回归系数显著降低。

从表3-3与表3-4可以看到：第一，从表3-3可以看到结果控制与行为控制的交互项与顾客导向行为显著正相关（$\beta=0.37$，$p\leq0.01$）；第二，从表3-4的模型6可以看到这一交互项与销售绩效之间存在显著的正相关关系（$\beta=0.24$，$p\leq0.01$）；第三，从表3-4的模型7可以看出，在控制了所有预测变量与中介变量以及调节变量的交互项以后，顾客导向行为与销售绩效显著正相关（$\beta=0.48$，$p\leq0.01$）；第四，从表3-4的模型7可以看出，在控制了中介变量及所有交互项以后，结果控制与行为控制的交互项的回归系数显著降低（$\beta=0.11$，$p\leq0.01$，$\Delta R2=0.12$，$p\leq0.01$）。我们可以由此认为顾客导向行为在两种类型正式控制的交互效应与销售绩效关系之间发挥了部分中介作用。

表3-3　**自变量及其交互项对顾客导向行为层次回归检验结果**

变　量	顾客导向行为	顾客导向行为	顾客导向行为
	模型1	模型2	模型3
第一步（控制变量）			
年龄	0.04	0.04	0.04
性别	0.04	0.00	−0.02
学历	0.10	0.12*	0.12*
公司工作年限	0.10	0.11*	0.11*
与领导共事年限	−0.08	−0.10	−0.08

续表

变量	顾客导向行为	顾客导向行为	顾客导向行为
职位层次	-0.05	0.04	0.03
调整的 R^2	0.02		
模型 F 值	1.09**		
第二步（主效应）			
结果控制		0.30**	0.25**
调整的 R^2		0.18	
ΔR^2		0.16	
模型 F 值		9.58**	
第三步（调节效应）			
行为控制			0.15**
行为控制×结果控制			0.07**
调整的 R^2			0.23
ΔR^2			0.05
模型 F 值			10.12**

注：n=284；*p≤0.05；** p≤0.01。

表 3-4 **结果控制与行为控制对销售绩效交互影响效应的检验结果**

变量	销售绩效	销售绩效	销售绩效	销售绩效
	模型 4	模型 5	模型 6	模型 7
第一步（控制变量）				
年龄	0.15**	0.14**	0.14**	0.12**
性别	0.30*	0.26*	0.22*	0.22*
学历	0.09	0.11	0.11	0.03
公司工作年限	0.11	0.12	0.12	0.06
与领导共事年限	-0.04	-0.05	-0.02	0.02

续表

变量	销售绩效	销售绩效	销售绩效	销售绩效
职位层次	0.01	0.09	0.08	0.08
调整的R^2	0.12			
模型 F值	7.57**			
第二步（主效应）				
结果控制		0.28**	0.23**	0.13
调整的R^2		0.20		
ΔR^2		0.78		
模型 F值		11.04**		
第三步（调节效应）				
行为控制			0.28**	0.15**
行为控制×结果控制			0.24**	0.11**
调整的R^2			0.28	
ΔR^2			0.08	
模型 F值			13.17**	
第四步（中介效应与交互项控制）				
顾客导向行为				0.48**
顾客导向行为×结果控制				0.03
顾客导向行为×行为控制				−0.10
调整的R^2				0.40
ΔR^2				0.12
模型 F值				16.68**

注：n=284；*p ≤0.05；** p ≤ 0.01。

为了更清楚地说明结果控制和行为控制的交互效应通过顾客导向行为对销售绩效的影响，我们采取Split-Plot法做出调节作用的示意图（如图3-1所示）。由图3-1可见，行为控制水平越高，结果控制通过顾客导向行为影响销售绩效的正向关系越强。由此，本章所提出的假设3得到了支持。

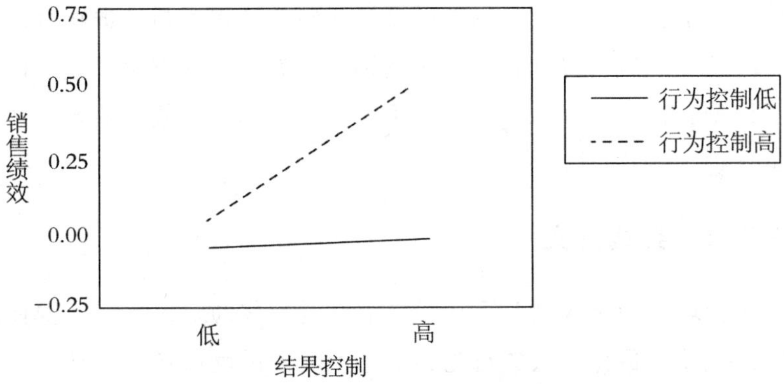

图 3-1　结果控制和行为控制的交互效应对销售绩效的影响
（控制了顾客导向行为的中介效应）

3.5　结论与讨论

3.5.1　研究结论

本章的实证研究结果表明，上司实施的正式控制中的结果控制较强时，销售人员的销售绩效较高；行为控制与结果控制的交互效应对销售绩效存在交互影响，即上司对销售人员的行为控制较强、结果控制也较强时，销售人员的销售绩效较强；销售人员的顾客导向行为在上司的行为控制与结果控制的交互效应与销售绩效关系间发挥部分的中介作用。具体来说，结果控制与行为控制都比较强时，这两者通过顾客导向行为中介作用影响销售绩效的效应也较强。

3.5.2　理论意义

本研究的理论意义在于以目标设定理论这一崭新视角，揭示了上司通过结果控制为员工设定绩效目标，从而激发其专注、努力以及坚持完成目标的机制。此外，虽然有研究表明，控制策略组合比使用单一的控制策略对于提升销售绩效更有效，但也有研究表明控制策略组合所起的是负面的作用。本章基于目标设定理论视角探讨了行为控制作为一种目标实现过程的反馈手段，有效强化了结果控制的目标设定对销售绩效的影响效应，而且这种作用可以通过激发和帮助销售人员根据顾客需求调整自己的策略的顾客导向行为来影响销售绩效。本章首次建立了被中介的调节模型，拓展了学术界对控制手段组合对销售绩效影响效应及机制的理论认识。

3.5.3 实践意义

销售管理人员不仅要为下属设置清晰的量化绩效目标，还要在这个过程中设定绩效目标完成的行为标准，不断提供反馈意见。结果控制和行为控制并不是彼此替代的关系，而是配合使用的互补关系。如果只设定目标而没有反馈，目标设定效果将会大打折扣。不仅如此，销售管理人员还需要根据不同的消费群体（销售人员可能分布在不同的地域市场，顾客需求有一定的差异）设计并实施自己的销售陈述、销售方案。下属也要根据上司在标准和方向上的引导，识别、理解、引导顾客需求，调整自己的销售技巧和方案来获得销售业绩和顾客满意等销售绩效。

3.5.4 研究局限

本章还存在一定的局限性。首先，本章的数据仍然属于横截面数据。未来还需要在不同的时点上对前因、中介和结果变量进行测量，通过纵向研究进一步验证预测变量与结果变量之间的因果联系。其次，本章所有变量的数据都来自销售人员，因此可能存在同源偏差的问题。虽然我们的研究采取了把研究变量的条目分散在不同的问卷页面等措施来减少同源偏差的影响，但是未来可以通过邀请上司来评价销售绩效以及请下属评价上司控制手段的配对样本调研减少这一偏差的影响。最后，正式控制可能通过心理契约实现、适应性销售等因素的中介作用影响销售绩效，销售人员的文化价值观（如他们的权力距离等）可能影响正式控制与绩效之间的关系，这些有趣的理论问题都值得进一步探索。

4 正式控制、工作动机与销售人员绩效关系研究

4.1 问题的提出

4.1.1 研究背景与动机

在如何激励销售人员获取更高销售绩效的问题上，大部分销售管理者和人力资源经理无一例外地提到：给销售人员更多的提成！与之相反，销售人员对此反应颇为平淡。当我们问一个销售人员为什么想从事销售工作时，他们大致会给出三个答案：为钱；可以直接看到自己努力所带来的回报；工作相对独立、自由与灵活。

然而，在现实企业管理中，雅客食品有限公司成功地运用恰当的激励措施，极大地激励销售人员并最终开创了新的发展局面。该公司创建于1993年，经过20多年的发展与沉淀，目前已经成为中国市场上最大的糖果生产销售企业。在充分竞争的市场上占据一席之地，是其成功的关键要素之一。在这个过程中，销售人员的主观能动性、积极性又是重

中之重。雅客食品有限公司在销售人员激励上主要采取了三项举措：一是“严抓两头，杜绝唯销售量论”。该公司严抓串货与终端服务等人员违规行为，防止片面追求销售量的行为。二是强化销售过程考核，做到三个“统一”：结果控制与过程控制统一，销售量评估与整体评估统一，销售过程事前评估与事后评估统一。三是注重“单对单激励”，突出销售人员特性。该公司针对销售人员的个人特性、销售区域特性等，为销售人员制订独特的销售激励计划。

这不由得让我们思考一个问题：为什么以钱为导向的激励措施会在某些情况下无效？如何让激励措施变得更为有效？有哪些激励措施可以援引？作为销售人员的管理者，如何选择有效的管理控制方式，有效地激励销售人员，从而获得更高的销售绩效？这些成为值得探索的问题。

正如《论语·魏灵公》中所述：工欲善其事，必先利其器。春秋战国时期，孔子教育其弟子子贡：一个做手工的人要把工作完成，并做得完美，应该先把工具准备好。在西方管理学界，德鲁克在其《卓有成效的管理者》中谈道：有效的管理者必须能使人发挥其长处，必须学会用人所长。

在管理领域，对销售人员管理控制的研究可以追溯到20世纪70年代末，Ouchi（1979）开辟了这一研究领域；20世纪80年代，研究主要集中于对管理控制方式的划分以及选择上；20世纪90年代，学者们开始将研究重心转移到实证研究上，并将销售人员控制研究逐步拓展到不同的理论视角、学科视角中展开。纵观以上研究趋势，提高销售人员控制效率始终是根本目的。

由于销售人员在关系营销（Morgan & Hunt，1994）、新产品推广（Ahearne et al.，2010b）以及产品开发（Joshi，2010）中扮演着关键角色，因而很多企业已经在资源整合中对销售部门明显倾斜（Kotler，2003；Piercy et al.，2006）。从企业资源的视角，Barney（1991）发现，高效的销售人员队伍是企业获取利润以及可持续竞争优势的重要组织资源。因此，为了构建高效的销售人员队伍，企业通常采用两种类型的销售人员控制方式：行为控制与结果控制，并以此对销售人员队伍进行指导、培训、评估并给予报酬（Anderson & Oliver，1987）。Anderson和

Oliver（1987）从经济学、组织行为学以及心理学视角出发，对正式控制进行了系统性阐述，将销售人员正式控制划分为行为控制与结果控制。结果控制根据销售人员的绩效（如销售量）用直接分摊式奖励来激励销售人员，但行为控制不关注销售人员的直接绩效，而是依据销售人员的销售行为，在培训、监督、评估以及激励等方面施加管理干预。后来许多学者基于Anderson和Oliver（1987）的相关研究基础，逐步对销售人员正式控制的作用进行了实证研究。

然而，通过对以往的销售人员控制研究进行综述，可以发现，销售人员控制对销售人员主要工作结果的直接作用是存在差异的，甚至是相反的。这无助于学者们清楚地辨别一个高效的销售人员控制系统应该包含哪些成分。例如，有的学者通过研究发现，行为控制对工作绩效有正向作用（Babakus et al.，1996；Oliver & Anderson，1994），但有的学者认为行为控制与工作绩效呈负相关关系（Jaworski & McInnis，1989；Ramaswami，1996），也有的学者并没有发现两者之间有任何直接关系（Challagalla & Shervani，1996；Lusch & Jaworski，1991）。与此类似，结果控制与绩效之间也存在观点不一致的发现，如正相关（Jaworski & Kohli，1991）、负相关（Oliver & Anderson，1994），以及两者之间无任何直接关系（Jaworski, Stathakopoulos & Krishnan，1994）。

鉴于以上背景，本章的研究目的之一在于通过对销售人员控制的文献进行探讨和总结，理清以往的研究思路，区分销售人员控制的内涵以及影响因素，为后续研究奠定基础。

以往的发现促使学者们从不同理论视角展开研究，引入各种不同的理论构念作为潜在的中介变量以及调节变量。到目前为止，虽然学术界对于调节变量的研究仍然未达成共识（Jaworski & McInnis，1989；Ramaswami，1996），但对于中介变量的研究，部分学者认为销售人员控制可能会通过一些中介机制来影响工作结果（Challagalla & Shervani，1996；Jaworski & McInnis，1989）。然而，由于以往中介变量的实证研究说服力有限，因此，为了更好地了解销售人员控制与工作结果之间的本质关系，有必要进行后续研究（Kohli, Shervani & Challagalla，1998）。正如Challagalla和Shervani（1996）以及Oliver和Anderson

（1994）在研究中所阐述的那样，销售人员控制对工作结果的影响是一个复杂且看似非直接的过程。本章将从中介变量的视角，引入相关理论构念，探寻销售人员控制对工作结果的影响过程。

需要指出的是，在现有销售人员控制研究中，有的学者通过中介机制尝试检验更为广泛意义上的有效行为倾向（如角色感知、目标导向等），而这些有效行为倾向对销售人员控制与工作结果两者关系起着中介作用。但是，这种方法在某种程度上与销售环境的观点相悖，后者认为销售人员绩效高低要视销售人员动机以及行为（如内部动机与外部动机、适应性销售与销售努力）与销售环境的一致性程度（Sujan, Weitz & Kumar，1994；Porter, Wiener & Frankwick，2003；Weitz，1981；Weitz, Sujan & Sujan，1986）。Kohli、Shervani和Challagalla（1998）通过研究发现，关于销售人员中介态度倾向检验仍然需要进一步研究。

以往的研究承认销售人员控制中销售人员动机的重要性（Anderson & Oliver，1987；Chowdhury，1993；Dubinsky et al.，1994；Walker et al.，1977）。Churchill等（1985）对销售人员绩效研究进行元分析发现，动机是仅次于角色认知、技能的销售人员绩效最有效指标。销售人员控制作为组织变量可能会对销售人员的内部、外部动机产生影响（Anderson & Oliver，1987）。在以往的销售人员控制研究中，当采取行为控制时，销售人员的内部动机与行为控制呈正相关关系；而在采取结果控制时，销售人员的外部动机与结果控制呈正相关关系（Cravens et al.，1993; Oliver & Anderson，1994）。此外，销售人员控制会激发销售人员的动机及销售行为，从而使其适应现实销售情境（Miao，2007）。

综上所述，本章的研究目的之二是将销售人员控制中最为重要的中介变量之一——动机应用到提升管理控制效率的研究中，并对相关概念之间的相互关系进行实证研究。

有效的销售人员控制是销售人员绩效的根本保证，而在销售过程中，销售管理者与销售人员之间的沟通协作对销售人员绩效会产生较为明显的作用。纵观以往相关研究，大多数都是探讨销售人员控制对销售人员动机、销售人员绩效的影响（Anderson & Oliver，1987），而销售管理者、销售人员之间沟通协作情况及其对销售人员绩效影响的实证研究并不多见。

通过对以往销售人员控制研究进行综述发现，销售人员绩效通常可以分为行为绩效与结果绩效。其中，行为绩效通常涉及多种销售活动以及销售人员在履行其工作职责时采取的策略，而结果绩效通常是指销售人员通过其自身的付出与技能达成的结果。虽然以往研究证实了销售人员控制对销售人员绩效有显著影响，但是，不同销售人员控制方式对不同销售人员绩效之间的影响存在差异。

在行为控制下，Oliver和Anderson（1994）认为销售人员行为绩效将会提升，而结果绩效将会降低，但实证研究只证实了前者。Babakus等（1996）的研究表明，销售人员行为控制会对销售人员行为绩效产生正向影响，而对销售人员结果绩效的影响不太显著。Baldauf、Cravens和Piercy（2001a；2001b）通过实证研究发现，行为控制与行为绩效、结果绩效之间存在正相关关系。但是，Jaworski等（1993）认为工作绩效与结果控制正相关，Oliver和Anderson（1994）认为两者之间无显著关系，而Piercy、Cravens和Morgan（1999）与Baldauf和Cravens（2003）认为两者之间存在正相关关系。因此，对于不同销售人员控制方式与不同销售人员绩效之间的关系，现有研究尚未达成一致意见。

此外，Anderson和Oliver（1987）通过研究发现，在行为控制下，由于受到直接销售结果强化竞争力但降低压力的影响，销售人员应该展现更高水平的内部动机；与此相反，在结果控制下，由于报酬与销售结果直接挂钩，销售人员往往展现更高水平的外部动机。后续实证研究证实了上述关系（Baladuf et al.，2001；Cravens et al.，1993；Oliver & Anderson，1994）。虽然内部、外部动机与销售人员控制、销售人员绩效之间存在密切关系，但是其在多大程度上在销售人员控制与销售人员绩效之间发挥中介作用，学术界尚未达成一致。

鉴于以上背景，本章的研究目的之三就是探讨销售人员控制、销售人员动机、销售人员绩效三者之间的相互作用及不同影响。

4.1.2 研究目的

通过对销售人员控制的现实、理论背景进行回顾，本章提出了一些该领域研究中需要完善的关键点，因此，在对国内外相关文献进行综述的基础上，在销售人员控制的中介机制方面，尝试引入销售人员动机这一重要中介变量，找出其对于销售人员控制的不同作用机制，进一步探讨销售人员动机对销售人员绩效的影响。综上所述，本章的研究目的如下：首先，探讨销售人员控制对销售人员绩效的直接影响，探讨不同管理控制方式对不同销售人员绩效的影响。其次，探讨销售人员动机对销售人员绩效的影响，探讨不同销售人员动机对不同销售人员绩效的影响。最后，明确销售人员动机在销售人员控制与销售人员绩效之间的中介机制。

4.2 销售人员动机文献回顾

4.2.1 销售人员动机的定义

简而言之，动机就是人采取某种举措的出发点，主要表现为人的心理、生理活动。动机研究最早可以追溯到古希腊时期，源于对人类行为与思想差异的探究。纵观相关动机研究，大致可以将其分为三个阶段：本能理论阶段、驱力或需要理论阶段、认知理论阶段。在不同时期，不同学者对动机的界定各有差异。

20世纪50年代以前，在本能理论阶段，学者们主要采取动物实验的方式进行人类行为类推，主要代表有麦孤独、弗洛伊德等。麦孤独、詹姆斯等进行了大量动物实验，并将相关实验结论进行推广，将人类行为区分为几种或者十种本能行为，从而对应解释人类行为。弗洛伊德是精神分析理论的代表，他在长期的临床实验基础上，提出人格动力学说和人格发展阶段论，开创了现代心理学研究人类动机的先河，为后续人类动机研究做出重要贡献。

20世纪50年代，动机研究进入驱力或需要理论阶段，心理学家们反对以往本能研究中聚焦行为的观念，注重对人的动机、需要、价值观、潜能等内部因素进行挖掘，主要代表有赫尔、马斯洛等。

20世纪60年代以来，随着认知心理学的形成与发展，心理学对于动机的研究进入认知理论阶段，形成了一系列重要的动机认知理论，如期望-价值理论、成就动机理论、成就归因理论、自我效能理论、自我概念理论、自我决定理论等。

期望-价值理论认为行为是在环境中由可以获得的目标价值和个体对获得目标的期望共同决定的。Vroom（964）提出，当人们有需要又有达到目标的可能性时，其积极性才会提高。换而言之，只有当人们察觉自己有达成自身需要的可能性时，采取行动的动机才会高。

成就动机理论认为个体具有追求成功与避免失败的倾向。McClelland（1953，1958）提出动机倾向与动机激发是有差异的。动机倾向是指个人的一种特性、倾向或特质，而动机激发是指个体在某一特别情境下所激起的相关动机。此外，Atkinson（1957，1964）以数学表达式分析其理论中各成分之间的关系。

成就归因理论主要探讨在成就领域个体是如何进行成败归因的。Weiner（1979，1985，1986，1990）通过综合以往的归因理论与研究发现，能力、努力、任务难度、运气是个体进行成败归因的四个基本因素。

自我效能理论是论述人类行为的内部自我调节机制的动机理论。Bandura（1986）认为个体的行为、内部认知、环境是相互作用、相互影响的。自我效能影响人们的行为取向、行为任务选择、行为努力程度与持续性、个体思维方式与情绪反应、个体归因方式。

自我概念是指个体对自己的能力、性格、外表及各方面特征的自我知觉，是经由经验而形成的对自己的知觉判断和评价。James（1963）认为自我概念可以分为身体和物质的、社会的、精神的、纯粹自我的等四种。

自我决定理论与内部动机、兴趣密切相关，重点聚焦自我认知与信念对行为的作用，侧重于分析行为的自我激励与自我决定力量。Deci

和Ryan（1985）认为人类行为的原因与激励力量源自活动本身与之外，因此，可以将动机划分为内部动机与外部动机。内部动机是指从事某种活动是因为内部的兴趣与乐趣，它提供了一个激发和激励个体行为的自然力量；而外部动机是指行为的原因和激励力量来自活动之外，即活动结果能够带来外部的奖赏和报偿。

综上所述，国外对于动机的研究已经形成了丰富的理论体系，并运用于具体的管理实践中，但是，学者们对于动机的定义尚未达成一致性观点。

Campbell和Pritchard（1976）将工作动机定义为“驱使个体自发地去努力工作的一个过程”。Raymond等（1990）将工作动机定义界定为“决定个人工作努力的唤醒、方向、强度以及持续性的环境、过程相关突出结构”。Steer和Porter（1991）把工作动机当成在组织情境中行为得以激发、定向以及维持的过程。Pinder（1998）认为工作动机是一系列激发与工作相关的行为，并决定相关行为的形式、方向、强度以及持续时间的内、外部力量。Robbins（2004）认为工作动机包含努力、组织目标以及需要三个关键要素，体现个体为了实现目标付出努力的强度、方向以及坚持性。Hellriegel（2001）认为工作动机是看不见的，具体表现为三个方面：行为动因、行为取向、维持行为。Fred和Luthans（2003）把工作动机视为激发行为或者驱使个体向着特定目标而努力的过程。孙彤（1986）将工作动机定义为“驱使人产生内在动力，并朝自己所期望的目标前进的心理活动过程”。

本章研究销售人员动机对正式控制与销售人员绩效之间关系的影响，所探讨的是销售人员动机的中介作用。虽然对于动机的研究已经较为普遍，但是作为中介变量进行研究的还是非常少的。Miao和Evans（2007）认为，为了更好地匹配销售正式控制方式，区分不同类型动机对销售人员绩效的影响，应该将动机划分为内部动机与外部动机。所以本章将销售人员动机分为销售人员内部动机、销售人员外部动机。本章将销售人员动机定义为“由内在需要与外部诱因相互作用产生的，直接决定与工作相关的行为的始发、方向、强度以及持续性的结构”。我们把过去学者们对动机的定义总结在表4-1中。

表 4-1　过去学者们对于动机的定义

代表学者	主要观点
Campbell 和 Pritchard（1976）	驱使个体自发地去努力工作的一个过程
孙彤（1986）	驱使人产生内在动力，并朝自己所期望的目标前进的心理活动过程
Raymond等（1990）	决定个人工作努力的唤醒、方向、强度以及持续性的环境、过程相关突出结构
Steer和Porter（1991）	在组织情境中，行为得以激发、定向以及维持的过程
Pinder（1998）	一系列激发与工作相关的行为，并决定相关行为的形式、方向、强度以及持续时间的内、外部力量
Stephen P. Robbins（2004）	包含努力、组织目标以及需要三个关键要素，体现个体为了实现目标付出努力的强度、方向以及坚持性
Hellriegel（2001）	是看不见的，具体表现为三个方面：行为动因、行为取向、维持行为
Fred Luthans（2003）	激发行为或者驱使个体向着特定目标而努力的过程

4.2.2　销售人员动机的衡量

通过对工作动机衡量的国内外研究成果进行综述，我们发现工作动机的划分主要有三种：一是以Deci（1975）为代表的内部动机与外部动机二分法；二是以Ronen（1980）为代表的工作目标、外部工作目标、发展目标三分法；三是以Barbuto和Scholl（1998）为代表的内部过程动机、工具性动机、外部自我概念、内部自我概念、目标内化五分法。

De Charmes（1968）将工作动机分为内部动机、外部动机两个维度，用以说明不同的因果关系。Deci（1975）在前人研究的基础上，将内部动机细分为寻求挑战以及赢得挑战两种类型。Amabile（1994）根据以往对工作动机的分类，利用工作偏好问卷对内部动机、外部动机进行细分，将内部动机细分为挑战寻求与任务享受，将外部动机细分为报酬寻求与认同寻求。

Ronen（1980）根据马斯洛需要层次理论、赫茨伯格双因素理论，对与工作需要相关的理论、实证研究进行综述并对14种重要需要进行评定，通过因素分析，最终将工作动机分为内部工作目标、外部工作目标和发展目标三个部分。

Barbuto和Scholl（1998）基于自我概念–动机理论，通过因子分析发现，工作动机主要包括内部过程动机、工具性动机、外部自我概念、内部自我概念、目标内化五个部分。

在销售情境中，要衡量销售人员动机，首先要对销售人员动机进行划分。目前学术界对销售人员动机的分类主要有两种：一是将销售人员动机作为一个整体性构念来划分，最具代表性的是Anderson和Oliver（1987）以及Ingram等（1989）的分类法；二是将销售人员动机分为内、外不同维度来划分，最具代表性的是Amabile等（1994）以及Miao和Evans（2007）的分类法。

（1）整体性构念分类法

20世纪90年代以前，销售人员动机基本上作为一个整体性构念被引用（Anderson & Oliver，1987；Chowdhury，1993; Walker et al.，1977）。Churchill等（1985）通过对销售人员绩效相关研究进行元分析发现，销售人员绩效最有效指标依次为角色感知、工作技能以及动机。

在随后的实证研究中，销售人员动机作为整体性构念被检验，并得到相关验证（Anderson & Oliver，1987；Ingram et al.，1989；Weitz et al.，1986），但是Challagalla和Shervani（1996）以及Weitz等（1996）通过实证研究发现，内部、外部动机存在不同的前置因素（销售人员控制对内部、外部动机的影响差异）与后置因素（内部、外部动机对销售人员绩效影响存在差异）。此外，Craven等（1993）以及Oliver和Anderson（1994）通过研究发现，当对销售人员实行行为控制时，销售人员的内部动机与行为控制正相关；与之相反的是，当对销售人员实行结果控制时，销售人员的外部动机与结果控制正相关。因此，采用整体性内部、外部动机的实证研究一直缺乏说服力（Ingram et al.，1989；Leach et al.2005；Tyagi，1985）。

综上所述，以Anderson和Oliver（1987）为代表的整体性内部、外部动机分类法因其自身所存在的缺陷，不能适应销售人员控制研究的需要。因此，必须将内部、外部动机进行区分。

（2）内部、外部动机分类法

Amabile等（1994）通过研究发现，整体性内部、外部动机可能影响学者们探索销售人员控制、内/外部动机、销售人员绩效三者之间重要关系的本质，因为包含感知与情感维度的整体性内部、外部动机有不同的前置因素与后置因素，因此，Anderson和Oliver（1987）整体性内部、外部动机分类法给销售人员研究，尤其是销售人员动机研究提出了问题与挑战。

Dubinsky等（1994）认为采用不包含销售人员特殊感知动机、情感动机需要的整体性动机构念，可能影响销售管理者参与提升销售人员控制效率的能力，因此，在销售人员控制情境中，他们认为必须采用感知、情感两个维度来评估内部、外部动机。

根据Dubinsky等（1994）的研究成果，Amabile等（1994）通过研究表明，销售人员动机的感知、情感之间存在个体差异，因此，应该将其进行细分，即内部动机包含挑战寻求、任务享受，外部动机包含报酬寻求、认同寻求。

Miao等（2007）发现，销售人员控制对销售人员内部、外部动机的感知、情感产生不同影响，行为控制对内部、外部动机产生“双”影响。此外，内部、外部动机在本质上是多维度的，对行为绩效、结果绩效会产生不同的影响。

通过对销售人员动机的衡量进行研究，我们发现，以Anderson和Oliver（1987）为代表的整体性内部、外部动机分类法具有重大缺陷，而以Amabile等（1994）为代表的包含感知、情感维度的内部、外部动机分类法适合销售人员控制研究需要，主要研究整理汇总见表4-2。

表 4-2　　销售人员动机两种分类法对比

	Anderson 和 Oliver（1987）单维度分类法	Amabile 等（1994）二维度分类法
具体内容	将销售人员动机视为一个整体性构念	将销售人员动机细分为内部、外部动机，其中内部动机包括挑战寻求、任务享受，外部动机包括报酬寻求、认同寻求
实证研究	Anderson 和 Oliver（1987）；Churchill 等（1985）;Weitz 等（1986）；Chowdhury（1993）；Walker 等（1977）	Challagalla 和 Shervani（1996）;Weitz 等（1996）；Dubinsky 等（1994）；Amabile 等（1994）;Miao、Evans 等（2007）
优劣体现	采用单维度分类法，可能忽略不同类型动机对销售人员控制、销售人员绩效的影响，不利于学者们对销售人员控制研究的开展	采用二维度分类法，适应内部、外部动机存在不同的前置因素（销售人员控制对内部、外部动机的影响差异）与后置因素（内部、外部动机对销售人员绩效影响存在差异）的需要

本章主要探讨基于销售人员动机的中介作用，销售人员控制对销售人员绩效的影响。我们选取行为控制（活动、能力两个维度）、结果控制作为前置因素，选取销售人员绩效（行为绩效、结果绩效）作为后置因素，进行研究的销售人员控制情境略显复杂。而 Miao 等（2007）认为销售人员内部、外部动机本质上是多维度的，只有通过独特的感知、情感维度，才能充分了解销售人员控制情境下的复杂性结果。综上所述，本章将销售人员动机界定为内部动机与外部动机，而内部动机包括挑战寻求、任务享受两个维度，外部动机包括报酬寻求、认同寻求两个维度。

①内部动机。内部动机通常表现为由内部诱发并延续，使个体不断增加付出，表现为外在的任务享受与挑战。根据 Amabile 等（1994）工作偏好问卷划分，本章将内部动机分为挑战寻求、任务享受。

挑战寻求：挑战通常是指鼓动对方与自己竞争，但在本章中主要是指销售人员鼓动自己同销售过程出现的问题进行斗争的过程。因此，挑战寻求是指销售人员鼓动自己对抗销售困难的一种行为倾向。

任务享受：享受通常是指自身产生愉悦、美妙的感觉与体验，通常表现为物质或者精神的满足。本章主要指销售人员从事销售活动所带来的自身愉悦、美妙的感觉与体验，因此，任务享受是指销售人员从销售活动中获取愉悦、美妙感觉的一种行为倾向。

②外部动机。外部动机通常表现为由外部诱发并延续，使个体不断增加付出，并表现为外在的奖赏与认同。根据Amabile等（1994）工作偏好问卷划分，本章将外部动机分为报酬寻求、认同寻求。

报酬寻求：又称为薪酬，是指个体有偿劳动的回报，主要包括工资、津贴、保险、退休金以及其他福利。本章主要指销售人员进行销售活动，实现期望销售绩效之后，应该获得的工资、津贴、保险、提成以及其他福利。因此，报酬寻求是指销售人员追求高报酬的一种行为倾向。

认同寻求：主要是指个体在团队中寻求亲近感或归属感的意愿，期望团队其他成员认为彼此是同类。认同主要包括自我认同与社会认同，本章主要是指同事或者上司对销售人员个体认可与接受，使其感觉自己属于该团体。因此，认同寻求是指销售人员寻求上司、同事对其组织人身份认可、赞同的一种行为倾向。

4.3 研究假设

4.3.1 销售人员控制与销售人员动机之间的关系

现有销售人员动机研究的主要缺陷之一在于，内部、外部动机被视为一个整体性构念，这使得有关销售控制与销售人员动机之间更为复杂关系的研究工作举步维艰（Challagalla & Shervani，1996）。考虑到动机所处的重要地位（Churchill et al.，1985），本章将内部、外部动机细分为不同情感与感知部分，以便更好地理解销售情境下销售人员动机的作用。

行为控制包括活动控制与能力控制（Challagalla & Shervani，1996）。研究表明，行为控制对内部动机强化具有正向作用（Baldauf et al.，2005）。然而，Challagalla和Shervani（1996）指出活动控制与能力控制对内部动机的影响可能存在差异，甚至是相反的。活动控制属于最低限度自主权的控制方式，因此，它可能对销售人员执行何种销售活动以及如何执行销售活动进行直接指导（Ramaswami，1996）。尽管活动控制可能不需要辨别销售人员的任务享受（Amabile et al.，1994），这可能是由于它会减少销售人员的工作角色模糊（Jaworski & Kohli，1991），但是，根据感知评价理论（Deci & Ryan，1985）以及SDT理论（Ryan & Deci，2000），活动控制可能降低个人对有意义且有挑战性任务的感知需要。虽然社会心理学的动机理论认为活动控制与挑战寻求之间存在负相关关系，但是，一些学者认为活动控制与销售目标设置之间存在正向关系，这是因为活动目标能够使销售人员更加专注并将其作为目标的一部分（Kohli, Shervani & Challagalla，1998）。不管怎样，基于社会心理学领域的相关实证研究，我们假设活动控制与销售人员挑战寻求之间存在负相关关系。

假设1a：活动控制负向影响销售人员的挑战寻求（内部动机）。

行为控制对销售人员外部动机的相对影响是现有销售人员动机研究有待完善的一个领域。由于销售人员工作完成程度通常来讲至少有一部分取决于外部奖励，这可能诱发一种错误的观点：用来监督和评估销售人员工作绩效的行为控制对销售人员的外部动机会有一些影响。因此，本章将提出并验证行为控制与外部动机之间的假设关系。

在完全依赖活动控制的销售情境下，销售人员的行为往往取决于其直接上司，这是因为活动目标本质上是直接上司的期望（Challagalla & Shervani，1996）。近距离的监督以及与直接上司频繁的沟通往往会提升销售人员对上司评估的信任感（责任感）。反过来，这又能促使销售人员去获取上司的认同，尤其是在高级销售人员被初级销售人员当做角色模范的销售情境下（Kohli, Shervani & Challagalla，1998）。因此，活动控制可能强化销售人员对直接上司或同仁的社会认同寻求。由于奖励通常是固定且并不与特定的销售结果（如销售量）挂钩的，因此，学者们认为活动控制不与销售人员报酬寻求之间存在显著关系。

假设1b：活动控制正向影响销售人员的认同寻求（外部动机）。

能力控制一直以来都被认为会影响内部动机，这主要归因于其能促进任务享受型环境的形成（Challagalla & Shervani，1996; Ryan & Deci，2000）。在感知评价理论中，Deci和Ryan（1985）认为任务享受（内部动机的一个情感维度）的源泉是乐观能力距离，这一能力距离属于个人能力潜能而不是抗压程度。换而言之，如果任务过于简单，人们将会感到厌倦；而当任务难度过大时，它又会消磨人们的任务享受感。管理者需要对销售人员现有能力有一个准确的评估，以便为其制定一个合理的能力目标。能力控制需要及时的管理承诺并持续地、努力地评估销售人员的能力，从而建立起有意义的能力目标。能力控制应该促进管理者对销售人员的整体能力以及潜能有一个更为准确的了解。由于能力目标的设置是相对于销售人员现有技能水平而言的，因此，销售人员应该体会到更强的工作结果控制，感受到更强的胜任力以及与上司期望的一致性。而基于SDT理论（Ryan & Deci，2000），这些都会强化与工作相关的任务享受。

假设2a：能力控制正向影响销售人员的任务享受（内部动机）。

能力控制的终极目标是提升销售人员的长期绩效（Anderson & Oliver，1987；Challagalla & Shervani，1996）。根据这一逻辑，我们假设销售人员将寻求自身能力提升价值的外部认同。换而言之，销售人员将通过那些具有行为性相关意义的外部事件来展现其能力。由于能力控制根据销售人员的技能水平来进行奖励，因此，提升报酬应该是胜任力提升的一个正常指标。在能力控制下，销售人员会把报酬作为其胜任力提升价值的可信赖反馈形式之一（Ryan & Deci，2000）。

假设2b：能力控制正向影响销售人员的报酬寻求（外部动机）。

结果控制可能被视为相对低水平管理干涉的市场机制（Anderson & Oliver，1987）。在结果控制下，绩效风险通常由管理者转嫁给销售人员，因此，直接报酬的需要变得理所应当（Cron, Dubinsky & Michaels，1988），结果控制被认为对销售人员报酬寻求有正向作用。由于在结果控制下，销售人员不会受到其直接上司的紧密监督（Anderson & Oliver，1987），结果控制被认为与认同寻求之间不存在显著关系。

假设3：结果控制正向影响销售人员的报酬寻求（外部动机）。

虽然已有研究表明整体内部、外部动机可能强化相互之间对绩效的影响（Thakor & Joshi，2005），但它们层次之间的关系仍有待调查。SDT理论（Ryan & Dec，2000）认为随着感知能力以及任务享受水平的提升，人们将把相关外部目标视为有价值的，且对个人相当重要。因此，挑战寻求型销售人员可能将报酬视为其相关能力的重要指标，这可能成为挑战寻求与报酬寻求之间的一条可能路径。类似地，当销售人员享受其工作时，SDT理论（Ryan & Dec，2000）认为销售人员往往将同事之间的认同视为个人相当重要的任务，这是由于它有助于提升其心理幸福感。已有研究要求对这些意图性关系进行更多探索（Miao, Evans & Zou，2007）。

假设4a：挑战寻求（内部动机）正向影响销售人员报酬寻求（外部动机）。

假设4b：任务享受（内部动机）正向影响销售人员认同寻求（外部动机）。

4.3.2 销售人员动机与销售人员绩效间关系

内部动机已经被证明会对工作结果（工作满意度和销售人员绩效）产生正向影响，而外部动机会强化结果绩效（Anderson & Oliver，1987）。

由于已经被证明与工作聪敏、工作努力之间存在正相关关系（Amabile et al.，1994），挑战寻求被认为会对行为与结果绩效产生正向影响。感知评价理论（Deci & Ryan，1985）认为主动寻求并面对任务挑战的人，更可能体会到胜任力的提升并感知对任务环境的控制，这些将提升其工作满意度。那些发自内心喜欢销售工作的销售人员将发现工作是有趣且值得的（Weitz, Sujan & Sujan，1986），因此，任务享受会提高工作满意度。有的学者发现内心对销售工作感兴趣的销售人员往往会尝试不同的销售战略或技术，而不是采用一种在过去运行良好的惯例（Anderson & Oliver，1987；Sujan, Weitz & Kumar，1994），因此，我们通常认为任务享受会正向影响行为绩效。由于任务享受与结果绩效之间的直接关系不清晰且结果绩效可能取决于其他因素（Amabile et al., 1994; Miao, Evan & Zou，2007），我们并未做出任务享受与结果绩效之间直接关系的假设。

报酬寻求属于外部动机的一个感知部分（Amabile et al.，1994）。虽然那些将获取高报酬视为其最优先选择的销售人员可能通过不断学习提升其胜任力，但是，他们也可能疏远同仁、直接上司（Anderson & Oliver，1987）。相反地，认同寻求会对工作满意度产生正向影响，这是由于正向反馈会提升销售人员对其工作的满意度（Jaworski & Kohli，1991）。报酬寻求被认为会强化销售人员的行为与结果绩效，这是由于那些寻求高报酬的销售人员往往更聪敏、更努力地工作（Amabile et al.，1994）。与报酬寻求对销售人员绩效有正向影响观点相反的是，认同寻求已经被证明会对结果绩效有负向影响，可能的理由是寻求认同感的销售人员往往固守其现有的成就水平，从而失去了努力工作的动力。

假设5a：挑战寻求正向影响销售人员的行为绩效；

假设5b：挑战寻求正向影响销售人员的结果绩效。

假设6：任务享受正向影响销售人员的行为绩效。

假设7a：报酬寻求正向影响销售人员的行为绩效；

假设7b：报酬寻求正向影响销售人员的结果绩效。

假设8：认同寻求负向影响销售人员的结果绩效。

4.3.3 销售人员控制与销售人员绩效间关系

考虑到销售人员控制对工作结果的影响不可能完全被中介（Challagalla & Shervani，1996; Jaworski & Kohli，1991），我们将对销售人员控制对工作结果的直接影响进行研究。

由于活动控制能够减少角色模糊以及销售人员感知到的风险，大部分销售人员控制研究认为活动控制对工作满意度会有正向影响（Challagalla & Shervani，1996）。虽然一些学者发现活动控制对工作满意度有负向影响（Ramaswami，1996），但大量证据表明两者之间存在正相关关系（Jaworski & Kohli，1991；Oliver & Anderson，1994）。此外，由于活动控制往往会减少销售人员的直接销售时间，因此它被认为会正向影响行为绩效而负向影响结果绩效（Anderson & Oliver，1987; Oliver & Anderson，1994）。

假设 9a：活动控制会对销售人员的行为绩效产生直接的正向影响；

假设 9b：活动控制会对销售人员的结果绩效产生直接的负向影响。

能力控制往往会提升长远技能（如行为战略）并能强化胜任力与任务享受感知，而根据感知评价理论（Deci & Ryan，1985），能力控制会提高工作满意度。以往的研究证据与该论点一致（如 Baldauf et al.，2005； Challagalla & Shervani，1996； Oliver & Anderson，1994），然而，虽然能力控制会逐步提升销售人员的技能（如行为绩效），但它可能负向影响短期结果绩效，这是由于能力训练会占用直接销售时间（Anderson & Oliver，1987）。实证研究要求对这一论点进行进一步验证（Challagalla & Shervani，1996；Miao, Evans & Zou，2007）。

假设 10a：能力控制会对销售人员的行为绩效产生直接的正向影响；

假设 10b：能力控制会对销售人员的结果绩效产生直接的负向影响。

结果控制看似会对结果绩效产生直接正向影响（Baldauf et al.，2005），然而，结果控制却被认为会对工作满意度产生直接的负向影响，这是因为结果控制促使销售人员关注销售结果而不是销售过程（Anderson & Oliver，1987）。大部分学者认为结果控制会减少工作压力（Jaworski & MacInnis，1989）而增加销售人员的不良行为（Ramaswami，1996），并降低工作满意度（Oliver & Anderson，1994），尤其是当环境不确定时（Basu et al.，1985）。结果控制对行为绩效的影响在某种程度上是清晰的。在结果控制下，销售人员受到展示直接销售结果的压力，因而可能不想尝试并学习新的销售方法（Anderson & Oliver，1987; Weitz, Sujan & Sujan，1986）。实证研究对于结果控制可能提升销售人员的学习导向（Kohli, Shervani & Challagalla，1998）以及客户关系质量（Bonner，2005）的观点没有达成一致结论，我们认为结果控制将强化销售人员的行为绩效。

假设 11a：结果控制会对销售人员的行为绩效产生直接的正向影响；

假设 11b：结果控制会对销售人员的结果绩效产生直接的正向影响。

4.4 变量定义与测量

本章的主要结构变量有三个：销售人员控制、销售人员动机与销售人员绩效。本节参考过去相关文献及访谈结果，对上述变量所涵盖的相关变量发展操作性定义和衡量，以作为本章问卷设计的依据。

4.4.1 销售人员控制的定义与测量

根据第 2 章的文献回顾，销售人员控制参考 Anderson 和 Oliver（1987）的定义。Anderson 和 Oliver（1987）从经济学、组织行为学以及心理学视角出发，将销售人员控制定义为“一系列对销售人员的监督、指导、评估以及报酬的组织程序集合”。基于此定义，销售人员控制划分为结果控制以及行为控制；根据 Challagalla 和 Shervani（1996）的研究成果，行为控制包含活动控制、能力控制两个维度。

（1）结果控制

结果控制是指对销售人员的工作结果设立目标、追踪目标完成情况，并做出结果反馈的控制方式（Anderson & Oliver，1987）。在结果控制下，销售部门具有以下几个特征（Eisenhardt，1985）：①销售管理者对销售人员的监督相对较少；②销售管理者对销售人员的管理指导相对较少；③销售管理者对销售人员的评估、报酬激励基于销售结果的直接目标测量，而不是测量销售人员为了实现销售目标而采取的方法。

从以上几点可以看出，结果控制类似一种市场契约，它赋予销售人员通过自己的方式来实现销售结果的自主选择权。与此同时，销售人员必须为其最终销售结果而不是他们如何实现期望销售结果承担所有责任（Anderson & Oliver，1987）。在结果控制下，市场契约这只“无形的手”促使销售人员进行销售活动，企业通过实施结果控制来减少管理负荷，并在转嫁风险的同时，与销售人员一同分享销售收益（Basu et al.，1985）。

本章对销售人员结果控制的衡量采用Kohli、Shervani和Challagalla（1998）的七点里克特量表。

（2）行为控制

行为控制是指为销售人员设立行为规范，并监督其是否按规定实施销售行为，指导其达到行为规范要求的控制方式（Anderson & Oliver，1987）。在行为控制下，销售管理者可能通过任何因素对销售人员进行评价或报酬激励，如个人魅力、产品知识、外观质量、服务执行、意向客户数量、电话拨打、工作时间等，即便这些因素不能准确测量，但可能产生销售人员绩效（Jackson, Keith & Schlacter，1983）。

由于行为控制整体性构念不能全面反映其影响，因此，本章采用Challagalla和Shervani（1996）的行为控制分类法，即将行为控制区分为活动控制、能力控制。

①活动控制。Merchant（1985）将活动控制定义为“上司尝试控制员工从事的日常例行活动”。活动控制包括：人们被期望按既定的方式执行指定的活动、实际行为的监督以及基于指定活动绩效的奖惩执行（Atuahene-Gima & Li，2002）。

②能力控制。能力控制是指以培养、提高销售人员的技能为目标，指导销售人员有效实施销售任务、监督其工作过程并提供销售技能发展方面的反馈的控制方式。能力控制包括：设定员工必须拥有的技术能力水平目标，监督他们工作过程的技术能力，提供所需技术能力引导，以及基于他们的技术能力水平进行奖惩（Lawler，1990）。

本章对销售人员行为控制的衡量同样采用Kohli、Shervani和Challagalla（1998）的七点里克特量表，具体见表4-3。

表 4-3　　**销售人员控制的测量量表**

销售人员控制	具体测项	参考文献
活动控制	上司会告知我被期望执行的销售活动	Kohli、Shervani 和 Challagalla（1998）
	上司会监督我完成所安排的销售活动	
	上司会告知我所从事的销售活动是否符合期望	
	必要的时候，上司会调整我的销售活动	
	如果销售活动执行得好，我将得到上司的认可	
能力控制	上司会定期评估我的销售技巧	
	上司会指导我改善销售技巧，提高销售能力	
	上司会评估我进行的销售展示以及客户沟通	
	上司会解释为什么采用一个特定的销售方法可能更为有效，用这种方式来帮助我	
	如果我的销售技能得以改善，我将得到上司的认可	
结果控制	上司会告知我期望的销量或者市场份额目标	
	上司会监督我完成销量或者市场份额目标的过程	
	我常常收到期望销量或者市场份额目标是否完成的反馈信息	
	上司会确保我了解当前销量或者市场份额目标完成的程度	
	如果能够较好地完成销量或者市场份额目标，我将得到上司的认可	

资料来源　KOHLI, SHERVANI, CHALLAGALLA. Learning and Performance Orientation of Salespeople: The Role of Supervisors[M]. Journal of Marketing Research, 35（May）:263–274.

4.4.2　销售人员动机的定义与测量

本章所指的销售人员动机主要是指销售人员实施销售行为、执行销售活动的目的或者意图。根据Deci和Ryan（1985）的自我决定理论，销售人员动机可以分为内部动机、外部动机。此外，根据第2章文献回顾对销售人员动机的衡量，内部动机包括挑战寻求、任务享受两个维度，外部动机包括报酬寻求、认同寻求两个维度。

（1）内部动机

内部动机是指行为原因出自活动任务自身，是对活动任务本身的兴趣、乐趣，它激发和维持个体的行为投入。Deci和Ryan（1985）指出，内部动机是指从事某种活动是因为内在的兴趣与乐趣，内部动机提供了一个激发和激励个体行为的自然力量，它在没有外在奖赏和压力的情况下可以激发和激励个体成功。内部动机包括三个要素：个体的好奇心、对活动任务的乐趣、任务的挑战性。根据Amabile等（1994）工作偏好问卷划分，本章将内部动机分为挑战寻求、任务享受。

①挑战寻求。挑战通常是指鼓动对方与自己竞争，但在本章中主要是指销售人员鼓动自己同销售过程出现的问题进行斗争的过程。因此，挑战寻求是指销售人员鼓动自己对抗销售困难的一种行为倾向。

②任务享受。享受通常是指自身产生愉悦、美妙的感觉与体验，通常表现为物质或者精神的满足。本章主要指销售人员从事销售活动所带来的自身愉悦、美妙的感觉与体验，因此，任务享受是指销售人员从销售活动中获取愉悦、美妙感觉的一种行为倾向。

（2）外部动机

外部动机是指行为的原因和激励力量来自活动之外，即活动结果能够带来外在的奖赏和报偿，如来自同事的表扬、奖励。

①报酬寻求。报酬又称为薪酬，是指个体有偿劳动的回报，主要包括工资、津贴、保险、退休金以及其他福利。本章主要指销售人员进行销售活动，实现期望销售绩效之后，应该获得的工资、津贴、保险、提成以及其他福利。因此，报酬寻求是指销售人员追求高报酬的一种行为倾向。

②认同寻求。认同寻求主要是指个体在团队中寻求亲近感或归属感的意愿，期望团队其他成员认为彼此是同类。认同主要包括自我认同与社会认同，本章主要是指同事或者上司对销售人员个体认可与接受，使其感觉自己属于该团体。因此，认同寻求是指销售人员追求上司、同事对其组织人身份认可、赞同的一种行为倾向。

本章对销售人员动机的衡量主要采用Amabile等（1994）的七点里

克特量表，具体见表4-4。

表 4-4　　**销售人员动机的测量量表**

销售人员动机	具体测项
挑战寻求	我喜欢处理那些对我来说从未遇到过的销售问题
	我喜欢尝试解决复杂的销售问题
	销售问题越困难，我越喜欢尝试解决它
	我更喜欢从事那些挑战我能力的工作
任务享受	对我来说，喜欢销售工作才是最要紧的
	对我来说，销售工作的乐趣是最重要的
	我喜欢销售是因为它带来的乐趣
	销售经历给我带来最大的乐趣
报酬寻求	销售工作的收入让我很动心
	我对我的收入目标非常敏感
	从事销售工作是因为我想赚很多钱
	赚钱是我从事销售工作的主要动机
认同寻求	上司的认可让我很受鼓舞
	我想让同事知道我的工作能力非常棒
	对我来说，成功意味着上司对我的高度尊重
	对我来说，同事看得起我是非常重要的

资料来源　AMABILE T M, HILL K G, HENNESSEY B A, et al. The Work Preference Inventory: assessing intrinsic and extrinsic motivational orientations [J]. Journal of personality and social psychology, 1994, 66(5): 950.

4.4.3　销售人员绩效的定义与测量

基于以往对销售人员绩效测量的研究，我们发现销售人员绩效可以分为行为绩效与结果绩效。

（1）行为绩效

行为绩效主要涉及销售人员参与活动及在履行工作职责时采取的战略。

（2）结果绩效

销售人员通过他们自身努力与技巧达成的结果称为他们的结果绩效。

本章对销售人员绩效的衡量主要采用Cravens、Ingram和LaForge以及Young（1993）的七点里克特量表，具体见表4-5。

表 4-5 **销售人员绩效的测量量表**

销售人员绩效	具体测项
行为绩效	用心倾听，以便识别并理解客户的担忧之处
	让顾客相信我理解他们的切身问题及担忧
	利用老客户来发展新客户
	清晰、准确地进行销售演示（销售说明）
	为客户提供满意的解决方案
结果绩效	为公司的市场份额做贡献
	销售高利润产品
	获得数额较大的销售额
	销售新产品
	超额完成销售目标

资料来源 CRAVENS D W, INGRAM T N, LAFORGE R W, et al. Behavior-based and outcome-based salesforce control systems[J]. The Journal of Marketing, 1993 (10): 47-59.

4.5 研究对象选取与数据收集

4.5.1 研究对象选取

根据前文所述，本章针对销售实物或非实物咨询产业销售人员进行调查。结合数据选取的易得性、真实性、可靠性，也为了避免单一行业、单一数据来源等不利影响，本章进行多行业、多源数据收集，最终选取以下公司作为样本：某涂料有限公司、某保险有限公司、广州某LED产品有限公司以及广州某医药有限公司。

4.5.2 数据收集

由于销售人员边缘性角色特征，他们常年工作在外，且较少停留在某个地方，对其进行问卷调查难度较大。本章数据收集主要采用三种方式：一是利用企业对销售人员进行培训或者开年会的机会对其进行调查；二是拜访企业销售管理部门或者销售管理者，说明调查原因并留置问卷，由其填写问卷；三是以网络填写问卷的形式，通过自己的关系网向从事销售工作的人员发放问卷。

为了保证数据收集的真实、可靠，我们采取了以下措施：首先，做了问卷修订工作。由于采用了国外的问卷，所以我们进行了中英文互换翻译，保证无翻译偏差。其次，进行了预调研，对问卷出现的问题进行修订，保证问卷无理解偏差。再次，在进行现场问卷调研时，由被访者填写，调研人员现场答疑。最后，采用留置问卷方法，在征得销售管理部门或者销售管理者同意的前提下进行调研。

我们通过现场与网络两种方式发放问卷，共发放问卷400份，最终回收问卷273份。其中，通过年会发放问卷210份，回收167份；通过网络发放问卷190份，回收74份；回收率为68.3%。针对回收的问卷，我们进行一一甄别，剔除不合格问卷35份（如漏选、不认真作答等），最终回收有效问卷238份，有效回收率为87.2%。

4.6 数据分析

4.6.1 样本分析

样本信息主要涉及调查对象的工作年限、性别、年龄、学历、薪酬待遇等情况，见表4-6。

表 4-6 **样本分布情况**

项目	细分项目	人数	所占比重（%）
工作年限	1年以下	62	26.0
	1~2年	104	43.7
	2~3年	57	23.9
	3年以上	19	6.4
性别	男	145	60.9
	女	93	39.1
年龄	20岁以下	17	7.1
	21~30岁	124	52.1
	30~40岁	69	28.9
	40~50岁	23	9.7
	50岁以上	5	2.2
学历	初中及以下	23	9.7
	高中（含高职、中专）	56	23.5
	大学（含大专）	152	63.9
	硕士及以上	7	2.9
薪酬待遇	2 000元以下	39	12.2
	2 000~3 000元	46	19.3
	3 000~5 000元	121	50.8
	5 000元以上	32	17.7

从表4-6可以看出，调查对象销售工作年限分布较为均匀且稳定，超过1年的达50%以上；调查对象男女比例、年龄分布、学历分布都比较均匀且比重适中；在薪酬待遇方面也比较均衡。从整体来看，本次调查选取的样本符合要求，能满足研究的需求。

本章研究变量共计41个，其中销售人员控制（SC）包括15个研究变量，销售人员动机（SM）包括16个研究变量，销售人员绩效（SP）包括10个研究变量。通过对各研究变量进行描述性统计，检测研究变量的极小值、极大值、均值以及标准差、偏度、峰度等特征，具体结果见表4-7。

表4-7 各研究变量的描述性统计分析汇总

测项	极小值	极大值	平均值	标准差	偏度	峰度
SC1	1	7	5.24	1.415	−0.874	0.262
SC2	1	7	4.74	1.512	−0.495	−0.524
SC3	1	7	5.12	1.406	−0.872	0.181
SC4	1	7	5.30	1.322	−1.102	1.408
SC5	1	7	4.74	1.472	−0.693	−0.061
SC6	1	7	5.26	1.334	−0.874	0.772
SC7	1	7	5.47	1.361	−1.142	1.581
SC8	1	7	5.29	1.280	−1.108	0.827
SC9	2	7	5.16	1.509	−0.660	−0.527
SC10	1	7	5.60	1.288	−1.291	1.984
SC11	1	7	5.47	1.355	−1.271	1.335
SC12	1	7	5.83	1.308	−1.695	3.474
SC13	1	7	4.84	1.537	−0.573	−0.378
SC14	1	7	5.13	1.415	−0.640	−0.237
SC15	1	7	5.61	1.418	−1.423	1.932
SM1	1	7	4.87	1.456	−0.640	0.092
SM2	1	7	4.96	1.466	−0.769	−0.050
SM3	1	7	4.76	1.552	−0.599	−0.196
SM4	1	7	5.16	1.369	−0.869	0.421
SM5	1	7	5.54	1.278	−0.941	0.836
SM6	1	7	5.09	1.331	−0.755	0.208
SM7	1	7	5.03	1.501	−0.814	0.030
SM8	1	7	4.82	1.653	−0.504	−0.644
SM9	1	7	5.76	1.183	−1.489	3.419
SM10	1	7	5.28	1.362	−0.958	0.609
SM11	2	7	5.08	1.378	−0.659	−0.342
SM12	1	7	5.03	1.440	−0.743	0.129

续表

测项	极小值	极大值	平均值	标准差	偏度	峰度
SM13	1	7	5.02	1.617	−0.727	−0.127
SM14	1	7	5.15	1.562	−0.869	0.285
SM15	1	7	4.87	1.620	−0.610	−0.405
SM16	1	7	4.88	1.471	−0.565	−0.077
SP1	1	7	5.91	1.191	−2.029	5.126
SP2	1	7	5.93	1.160	−2.027	5.372
SP3	1	7	5.91	1.198	−1.752	4.110
SP4	1	7	5.75	1.171	−1.852	4.458
SP5	1	7	5.92	1.114	−1.973	5.368
SP6	1	7	5.62	0.998	−1.445	3.808
SP7	1	7	5.28	1.204	−0.899	1.380
SP8	1	7	5.53	1.146	−1.175	2.551
SP9	1	7	5.37	1.109	−1.109	2.335
SP10	1	7	5.43	1.243	−0.938	0.927

描述性统计分析表明，41个测量项目的最小值是1，最大值是7，这意味着受访者在回答问卷时具有明显的差异，有效区分度较好。

根据偏度指标可以发现，41个测量项目的偏度符合标准要求，右偏最大为−2.029，左偏最大为−0.495，基本接近对称分布。根据峰度、平均值发现，41个测量项目的峰度符合标准要求，最低峰度为−0.644，最高峰度为5.372，此外，41个测量项目平均值趋于中等，标准差不大。由此可以判定，41个测量项目接近正态分布。

4.6.2 信度与效度分析

为了更好地进行相关分析、中介作用分析以及回归分析，本章通过因子分析法，对多个变量之间存在的可能相关性进行检测，在减少分析指标个数的同时，尽量避免共线性问题。

（1）销售人员控制效度与信度分析

销售人员控制变量主要由15个量表项目来测定，为了检验其信度与效度，我们进行因子分析，详细情况见表4-8和表4-9。

表4-8　　KMO样本测度和巴特利球体检验结果

KMO样本测度		0.899
巴特利球体检验	Approx. Chi-Square	2 238.741
	自由度df	105
	显著性概率Sig.	0.000

结合表4-8的反馈情况，有两项数据综合反映效度。首先，KMO样本测度值为0.899，这表明该样本数据很适合因子分析（通常标准是：KMO在0.5以下，不适合；0.8~0.9，很适合）。其次，巴特利球体检验显著性概率为0.000（通常标准为小于等于0.001），这表明该样本数据有较高的相关性。结合前面两个指标，本章认为销售人员控制效度较高。

旋转后的因子负载值主要通过主成分分析法进行公因子抽取，并进行正交旋转所得，详细情况见表4-9。

表4-9　　旋转后的因子负载值表

因子	销售人员控制测项	旋转后的因子负载		
		1	2	3
F1	上司会告知我被期望执行的销售活动	0.742	0.168	0.239
	上司会监督我完成所安排的销售活动	0.680	0.135	0.289
	上司会告知我所执行的销售活动是否符合期望	0.637	0.148	−0.061
	在必要的时候，上司会调整我的销售活动	0.660	0.269	−0.083
	如果销售活动执行得好，我将得到上司的认可	0.760	0.215	0.144
F2	上司会定期评估我的销售技巧	−0.221	0.699	0.216
	上司会指导我改善销售技巧与能力	−0.238	0.750	0.098
	上司会评估我进行的销售展示以及客户沟通	−0.159	0.750	0.137
	上司会解释为什么采用一个特定的销售方法可能更为有效，用这种方式来帮助我	−0.285	0.702	0.139
	如果我的销售技能得以改善，我将得到上司的认可	−0.265	0.840	0.021
F3	上司会告知我期望的销量或者市场份额目标	−0.101	0.088	0.728
	上司会监督我完成销量或者市场份额目标的过程	−0.054	−0.169	0.820
	我常常收到期望销量或者市场份额目标是否完成的反馈信息	−0.106	0.233	0.707
	上司会确保我了解当前销量或者市场份额目标完成的程度	−0.240	0.112	0.671
	如果能够较好地完成销量或者市场份额目标，我将得到上司的认可	−0.204	−0.093	0.822
累计解释总体方差变异		75.854%		

结合表4-9的反馈情况，有两项指标反映因子区分效度。首先，旋转后的因子负载（F1、F2、F3）在旋转后有三个因子，且每个因子之间负载值区分度、显著度较高，负载值均大于0.63（通常标准是：大于0.63代表很好）。其次，旋转后产生的三个因子累计解释总体方差变异为75.854%。其中，F1代表"活动控制"因子，F2代表"能力控制"因子，F3代表"结果控制"因子，这与本章构思相吻合：销售人员控制包含活动控制、能力控制、结果控制三个维度。

为了确保测量的质量，我们采用Cronbach内部一致性系数（α系数）来分析信度。销售人员控制三个因子的信度分析见表4-10。

表4-10 **销售人员控制各因子可靠性分析的α系数**

指标	α系数	
活动控制	0.752	参考值 α≥0.7
能力控制	0.900	
结果控制	0.894	

结合表4-10的反馈情况，活动控制、能力控制、结果控制的α系数分别为0.752、0.900、0.894（通常参考值是：α≥0.7），由此可知销售人员控制的量表值得信赖，且样本数据信度较好。

（2）销售人员动机效度与信度分析

销售人员动机变量主要由16个量表项目来测定，为了检验其信度与效度，我们进行因子分析，详细情况见表4-11和表4-12。

表4-11 **KMO测度和巴特利球体检验结果**

KMO样本测度		0.811
巴特利球体检验	Approx. Chi-Square	2 315.041
	自由度df	120
	显著性概率Sig.	0.000

结合表4-11的反馈情况，有两项数据综合反映效度。首先，KMO样本测度值为0.811，这表明该样本数据很适合因子分析（通常标准是：KMO在0.5以下，不适合；0.8~0.9，很适合）。其次，巴特利球体检验显著性概率为0.000（通常标准为小于等于0.001），这表明该样本数据有较高的相关性。结合前面两个指标，本章认为销售人员动机效度

较高。

表 4-12　　　　**旋转后的因子负载值表**

因子	销售人员动机测量项目	旋转后的因子负载			
		1	2	3	4
F1	我喜欢处理那些对我来说从未遇到过的销售问题	0.890	0.140	0.043	0.086
	我喜欢尝试解决复杂的销售问题	0.916	0.140	0.099	0.136
	销售问题越困难，我越喜欢尝试解决它	0.907	0.231	0.025	0.065
	我更喜欢从事那些挑战我能力的工作	0.748	0.126	0.014	0.201
F2	对我来说，喜欢销售工作才是最要紧的	0.299	0.293	0.647	0.133
	对我来说，销售工作的乐趣是最重要的	0.097	0.145	0.740	0.378
	我喜欢销售是因为它带来的乐趣	−0.010	0.050	0.904	0.033
	销售经历给我带来最大的乐趣	−0.041	0.017	0.896	0.170
F3	销售工作的收入让我很动心	−0.050	0.240	0.099	0.661
	我对我的收入目标非常敏感	0.310	0.293	0.169	0.638
	从事销售工作是因为我想赚很多钱	0.231	−0.012	0.177	0.750
	赚钱是我从事销售工作的主要动机	0.135	0.146	0.133	0.753
F4	上司的认可让我很受鼓舞	0.147	0.867	0.015	0.088
	我想让同事知道我的工作能力非常棒	0.152	0.851	0.091	0.176
	对我来说，成功意味着上司对我的高度尊重	0.164	0.883	0.068	0.156
	对我来说，同事看得起我是非常重要的	0.251	0.641	0.273	0.260
累计解释总体方差变异		76.024%			

结合表4-12的反馈情况，旋转后的因子负载值主要通过主成分分析法进行公因子抽取，并进行正交旋转所得。有两项指标反映因子区分效度。首先，旋转后的因子负载（F1、F2、F3、F4）在旋转后有四个因子，且每个因子之间负载值区分度、显著度较高，负载值均大于0.63（通常标准是：大于0.63代表很好）。其次，旋转后产生的四个因子累计解释总体方差变异为76.024%。其中，F1代表“挑战寻求”因子，F2代表“任务享受”因子，F3代表“报酬寻求”因子，F4代表“认同寻求”因子，这与本章构思相吻合：销售人员动机包含挑战寻求、任务享受、报酬寻求、认同寻求四个维度。

结合表4-13的反馈情况，挑战寻求、报酬寻求、认同寻求、任务享受的α系数分别为0.917、0.820、0.776、0.886（通常参考值是：α≥0.7），由此可知销售人员动机的量表值得信赖，且样本数据信度较好。

表4-13 销售人员动机各因子可靠性分析的α系数

指标	α系数	
挑战寻求	0.917	参考值 α≥0.7
报酬寻求	0.820	
认同寻求	0.776	
任务享受	0.886	

（3）销售人员绩效效度与信度分析

销售人员绩效变量主要由10个量表项目来测定，为了检验其信度与效度，我们进行因子分析，详细情况见表4-14和表4-15。

表4-14 KMO测度和巴特利球体检验结果

KMO样本测度		0.895
巴特利球体检验	Approx. Chi-Square	1 759.022
	自由度df	45
	显著性概率Sig.	0.000

结合表4-14的反馈情况，有两项数据综合反映效度。首先，KMO样本测度值为0.895，这表明该样本数据很适合因子分析（通常标准是：KMO在0.5以下，不适合；0.8~0.9，很适合）。其次，巴特利球体检验显著性概率为0.000（通常标准为小于等于0.001），这表明该样本数据有较高的相关性。结合前面两项指标，本章认为销售人员绩效效度较高。

结合表4-15的反馈情况，旋转后的因子负载值主要通过主成分分析法进行公因子抽取，并进行正交旋转所得。首先，旋转后的因子负载（F1、F2）在旋转后有两个因子，且每个因子之间负载值区分度、显著度较高，负载值均大于0.63（通常标准是：大于0.63代表很好）。其次，旋转后产生的两个因子累计解释总体方差变异为72.415%。其中，F1代表“行为绩效”因子，F2代表“结果绩效”因子，这与本章构思相吻合：销售人员绩效包含行为绩效、结果绩效两个维度。

表 4-15　　**旋转后的因子负载值表**

因子	销售人员绩效测量项目	旋转后的因子负载	
		1	2
F1	用心倾听，以便识别并理解客户的担忧之处	0.912	0.176
	让顾客相信我理解他们的切身问题及担忧	0.896	0.147
	利用老客户来发展新客户	0.640	0.278
	清晰、准确地进行销售演示（销售说明）	0.637	0.269
	为客户提供满意的解决方案	0.866	0.297
F2	为公司的市场份额做贡献	0.263	0.648
	销售高利润产品	0.007	0.882
	获得数额较大的销售额	0.256	0.815
	销售新产品	0.278	0.639
	超额完成销售目标	0.232	0.714
累计解释总体方差变异		72.415%	

结合表 4-16 的反馈情况，行为绩效、结果绩效的 α 系数分别为 0.916、0.859（通常参考值是：$\alpha \geq 0.7$），由此可知销售人员绩效的量表值得信赖，且样本数据信度较好。

表 4-16　　**销售人员绩效各因子可靠性分析的 α 系数**

指标	α 系数	
行为绩效	0.916	参数值 $\alpha \geq 0.7$
结果绩效	0.859	

4.6.3 相关分析

（1）销售人员控制与销售人员动机的相关分析

为了验证销售人员控制与销售人员动机的相关性，我们对各因子进行 Pearson 相关分析研究。其中，销售人员控制有三个因子：结果控制、活动控制、能力控制；销售人员动机有四个因子：挑战寻求、任务享受、报酬寻求、认同寻求。

结合表4-17的反馈情况，在0.01显著性水平上，结果控制、活动控制、能力控制与挑战寻求正相关；在0.01显著性水平上，结果控制、活动控制、能力控制与任务享受正相关；在0.01显著性水平上，结果控制、活动控制、能力控制与报酬寻求正相关；在0.01显著性水平上，结果控制、活动控制、能力控制与认同寻求正相关。

表 4-17 **销售人员控制与销售人员动机的相关分析结果**

销售人员动机维度 / 销售人员控制维度	挑战寻求	任务享受	报酬寻求	认同寻求
结果控制	0.237^{**}	0.281^{**}	0.350^{**}	0.518^{**}
	0.000	0.000	0.000	0.000
	238	238	238	238
活动控制	0.225^{**}	0.189^{**}	0.327^{**}	0.296^{**}
	0.000	0.003	0.000	0.000
	238	238	238	238
能力控制	0.247^{**}	0.214^{**}	0.279^{**}	0.357^{**}
	0.000	0.001	0.000	0.000
	238	238	238	238

注：n=238；$^{*}p \leqslant 0.05$；$^{**}p \leqslant 0.01$。

相关分析说明了销售人员控制与销售人员动机之间的相互关系，但两者之间是否存在因果关系仍需要进行回归分析。

（2）销售人员控制与销售人员绩效的相关分析

为了验证销售人员控制与销售人员绩效的相关性，我们对各因子进行 Pearson 相关分析研究。其中，销售人员控制有三个因子：结果控制、活动控制、能力控制；销售人员绩效有两个因子：行为绩效、结果绩效。

结合表 4-18 的反馈情况，在 0.01 显著性水平上，结果控制、活动控制、能力控制与行为绩效正相关；在 0.01 显著性水平上，结果控制、活动控制、能力控制与结果绩效正相关。

相关分析说明了销售人员控制与销售人员绩效之间的相互关系，但两者之间是否存在因果关系仍需要进行回归分析。

表 4-18　　**销售人员控制与销售人员绩效的相关分析结果**

销售人员控制维度 \ 销售人员绩效维度	行为绩效	结果绩效
结果控制	0.342**	0.328**
	0.000	0.000
	238	238
活动控制	0.250**	0.258**
	0.000	0.000
	238	238
能力控制	0.190**	0.285**
	0.003	0.000
	238	238

注：n=238；*p≤0.05；**p ≤0.01。

（3）销售人员动机与销售人员绩效的相关分析

为了验证销售人员动机与销售人员绩效的相关性，我们主要对各因子进行 Pearson 相关分析研究。其中，销售人员动机有四个因子：挑战寻求、任务享受、报酬寻求、认同寻求，销售人员绩效有两个因子：行为绩效、结果绩效。

结合表 4-19 的反馈情况，在 0.01 显著性水平上，挑战寻求、任务享受、报酬寻求、认同寻求与行为绩效正相关；在 0.01 显著性水平上，挑战寻求、任务享受、报酬寻求、认同寻求与结果绩效正相关。

相关分析说明了销售人员动机与销售人员绩效之间的相互关系，但两者之间是否存在因果关系仍需要进行回归分析。

表 4-19　**销售人员动机与销售人员绩效的相关分析结果**

销售人员绩效维度 / 销售人员动机维度	行为绩效	结果绩效
挑战寻求	0.248**	0.275**
	0.000	0.000
	238	238
任务享受	0.323**	0.372**
	0.000	0.000
	238	238
报酬寻求	0.262**	0.344**
	0.000	0.000
	238	238
认同寻求	0.362**	0.377**
	0.000	0.000
	238	238

注：n=238；$^{*}p \le 0.05$；$^{**}p \le 0.01$。

4.6.4 回归分析

相关分析仅仅是判断各因素之间是否存在关系以及关系的紧密程度如何，回归分析则可进一步指出关系的方向，并能进一步说明因素之间是否存在因果关系。

为进一步研究各变量之间的直接关系，本章对销售人员控制、销售人员动机、销售人员绩效之间的直接作用进行分析，构建模型验证理论假设。

（1）销售人员控制对销售人员动机的直接作用

为了检验销售人员控制对销售人员动机的直接作用，本章将结果控制、活动控制、能力控制、挑战寻求、任务享受、报酬寻求、认同寻求变量放入模型进行回归分析。

首先，我们分析销售人员控制对挑战寻求的影响。

模型一：检验销售人员控制的直接作用：对活动控制、能力控制、结果控制、挑战寻求变量进行回归分析。

结合表4-20的反馈情况，从活动控制来看，标准系数为-0.173，且p值小于0.01，表明活动控制对销售人员的挑战寻求有显著的负相关作用，假设1a得证。从能力控制、结果控制来看，p值大于0.01，表明能力控制、结果控制对销售人员的挑战寻求无显著作用。

表4-20 **销售人员控制对挑战寻求的影响**

模型一		非标准化系数		标准系数	t	Sig.
		B	标准误差	（值）		
销售人员控制	（常量）	4.939	0.082		60.077	0.000
	活动控制	-0.227	0.082	-0.173	-2.751	0.006
	能力控制	0.201	0.082	0.153	2.437	0.016
	结果控制	0.182	0.082	0.139	2.209	0.028

其次，我们分析销售人员控制对认同寻求的影响。

模型二：检验销售人员控制的直接作用：对活动控制、能力控制、结果控制、认同寻求变量进行回归分析。

结合表4-21的反馈情况，从活动控制、能力控制来看，标准系数分别为0.185、0.466，且p值小于0.01，表明活动控制、能力控制对销售人员的认同寻求有显著的正相关作用，假设1b得证。从结果控制来看，p值大于0.01，表明结果控制对销售人员的认同寻求无显著作用。

表4-21 **销售人员控制对认同寻求的影响**

模型二		非标准化系数		标准系数	t	Sig.
		B	标准误差	（值）		
销售人员控制	（常量）	5.288	0.053		99.085	0.000
	活动控制	0.177	0.053	0.185	3.317	0.001
	能力控制	0.446	0.053	0.466	8.345	0.000
	结果控制	0.128	0.053	0.134	2.396	0.017

再次，我们分析销售人员控制对任务享受的影响。

模型三：检验销售人员控制的直接作用：对活动控制、能力控制、结果控制、任务享受变量进行回归分析。

结合表4-22的反馈情况，从能力控制来看，标准系数为0.272，且p值小于0.01，表明能力控制对销售人员的任务享受有显著的正相关作用，假设2a得证。从活动控制、结果控制来看，p值大于0.01，表明活动控制、结果控制对销售人员的任务享受无显著作用。

表4-22 **销售人员控制对任务享受的影响**

模型三		非标准化系数		标准系数	t	Sig.
		B	标准误差	（值）		
销售人员控制	（常量）	4.981	0.084		59.171	0.000
	活动控制	0.108	0.084	0.080	1.283	0.201
	能力控制	0.369	0.084	0.272	4.374	0.000
	结果控制	0.146	0.084	0.108	1.736	0.084

最后，我们检验销售人员控制对报酬寻求的影响。

模型四：检验销售人员控制的直接作用：对活动控制、能力控制、结果控制、报酬寻求变量进行回归分析。

结合表4-23的反馈情况，从活动控制、能力控制、结果控制来看，标准系数分别为0.196、0.199、0.241，且p值小于0.01，表明活动控制、能力控制、结果控制对销售人员的报酬寻求有显著的正相关作用，假设2b、假设3得证。

表4-23 **销售人员控制对报酬寻求的影响**

模型四		非标准化系数		标准系数	t	Sig.
		B	标准误差	（值）		
销售人员控制	（常量）	5.118	0.071		72.310	0.000
	活动控制	0.229	0.071	0.196	3.227	0.001
	能力控制	0.232	0.071	0.199	3.277	0.001
	结果控制	0.282	0.071	0.241	3.970	0.000

（2）销售人员控制对销售人员绩效的回归分析

为了检验销售人员控制对销售人员绩效的直接作用，本章将结果控制、活动控制、能力控制、行为绩效、结果绩效变量放入模型进行回归分析。

首先，我们检验销售人员控制对行为绩效的影响。

模型五：检验销售人员控制的直接作用：对活动控制、能力控制、结果控制、行为绩效变量进行回归分析。

结合表4-24的反馈情况，从活动控制来看，标准系数为0.117，且p值小于0.01，表明活动控制对销售人员的行为绩效有显著的正相关作用，假设9a得证。从能力控制、结果控制来看，标准系数分别为0.253、0.162，且p值小于0.01，表明能力控制、结果控制对行为绩效有显著的正相关作用，假设10a、假设11a得证。

表4-24 **销售人员控制对行为绩效的影响**

模型五		非标准化系数		标准系数	t	Sig.
		B	标准误差	（值）		
销售人员控制	（常量）	5.882	0.062		94.402	0.000
	活动控制	0.118	0.062	0.117	1.893	0.002
	能力控制	0.255	0.062	0.253	4.086	0.000
	结果控制	0.164	0.062	0.162	2.626	0.009

其次，我们检验销售人员控制对结果绩效的影响。

模型六：检验销售人员控制的直接作用：对活动控制、能力控制、结果控制、结果绩效变量进行回归分析。

结合表4-25的反馈情况，从活动控制、能力控制、结果控制来看，标准系数分别为0.210、0.191、0.175，且p值小于0.01，表明活动控制、能力控制、结果控制对结果绩效有显著的正相关作用，假设9b、10b未得证，假设11b得证。

表 4-25 **销售人员控制对结果绩效的影响**

模型六		非标准化系数		标准系数	t	Sig.
		B	标准误差	（值）		
销售人员控制	（常量）	5.445	0.056		96.869	0.000
	活动控制	0.192	0.056	0.210	3.402	0.001
	能力控制	0.175	0.056	0.191	3.099	0.002
	结果控制	0.160	0.056	0.175	2.842	0.005

再次，我们进行销售人员动机对销售人员绩效的回归分析。为了检验销售人员动机对销售人员绩效的直接作用，本章将挑战寻求、任务享受、报酬寻求、认同寻求、行为绩效、结果绩效变量放入模型进行回归分析。

我们探索了销售人员动机对行为绩效的影响。

模型七：检验销售人员控制的直接作用：对挑战寻求、任务享受、报酬寻求、认同寻求、行为绩效变量进行回归分析。

结合表 4-26 的反馈情况，从挑战寻求来看，标准系数为 0.413，且 p 值小于 0.01，表明挑战寻求对销售人员的行为绩效有显著的正相关作用，假设 5a 得证。从任务享受、报酬寻求来看，标准系数分别为 0.077、0.109，且 p 值小于 0.01，表明任务享受、报酬寻求对行为绩效有显著的正相关作用，假设 6、假设 7a 得证。

表 4-26 **销售人员动机对行为绩效的影响**

模型七		非标准化系数		标准系数	t	Sig.
		B	标准误差	（值）		
销售人员动机	（常量）	5.882	0.059		99.243	0.000
	挑战寻求	0.417	0.059	0.413	7.016	0.000
	报酬寻求	0.077	0.059	0.077	1.305	0.003
	认同寻求	−0.067	0.059	−0.066	−1.127	0.261
	任务享受	0.110	0.059	0.109	1.856	0.005

最后，我们研究了销售人员动机对结果绩效的影响。

模型八：检验销售人员控制的直接作用：对挑战寻求、任务享受、报酬寻求、认同寻求、结果绩效变量进行回归分析。

结合表4-27的反馈情况，从挑战寻求来看，标准系数为0.463，且p值小于0.01，表明挑战寻求对销售人员的结果绩效有显著的正相关作用，假设5b得证。从认同寻求、报酬寻求来看，标准系数分别为-0.037、0.115，且p值小于0.01，表明认同寻求对结果绩效有显著的负相关作用，但是报酬寻求对结果绩效有显著的正作用，假设7b、假设8得证。

表4-27　**销售人员动机对结果绩效的影响**

模型八		非标准化系数		标准系数	t	Sig.
		B	标准误差	（值）		
销售人员动机	（常量）	5.445	0.052		103.876	0.000
	挑战寻求	0.423	0.053	0.463	8.058	0.000
	报酬寻求	0.105	0.053	0.115	2.001	0.007
	认同寻求	-0.034	0.053	-0.037	-0.652	0.005
	任务享受	-0.031	0.053	-0.034	-0.595	0.552

（3）销售人员内外部动机之间的回归分析

为了检验销售人员动机对销售人员绩效的直接作用，本章将挑战寻求、任务享受、报酬寻求、认同寻求变量放入模型进行回归分析。

模型九：检验挑战寻求对报酬寻求的直接作用：对挑战寻求、报酬寻求变量进行回归分析。

结合表4-28的反馈情况，从挑战寻求来看，标准系数为0.192，且p值小于0.01，表明挑战寻求对报酬寻求有显著的正相关作用，假设4a得证。

表 4-28　　挑战寻求对报酬寻求的影响

模型九	非标准化系数		标准系数	t	Sig.
	B	标准误差	（值）		
（常量）	4.271	0.291		14.674	0.000
挑战寻求	0.171	0.057	0.192	3.008	0.003

模型十：检验任务享受对认同寻求的直接作用：对任务享受、认同寻求变量进行回归分析。

结合表 4-29 的反馈情况，从挑战寻求来看，标准系数为 0.463，且 p 值小于 0.01，表明任务享受对认同寻求有显著的正相关作用，假设 4b 得证。

表 4-29　　挑战寻求对认同寻求的影响

模型十	非标准化系数		标准系数	t	Sig.
	B	标准误差	（值）		
（常量）	3.658	0.210		17.381	0.000
任务享受	0.327	0.041	0.463	8.027	0.000

4.6.5 销售人员动机的中介作用

为了检验销售人员动机在销售人员控制与销售人员绩效之间所起的中介作用，本章将自变量——销售人员控制三个因子和中介变量——销售人员动机四个因子放入回归方程。

（1）销售人员动机的中介作用对行为绩效的影响

结合表 4-30 的反馈情况，销售人员控制的三个因子：活动控制因子、能力控制因子、结果控制因子同行为绩效的显著性关系消失（p 值大于 0.01），由此可以判定：当加入销售人员动机这一中介变量后，销售人员控制的活动控制、能力控制、结果控制对行为绩效的直接作用都消失了，所以，销售人员动机在销售人员控制与行为绩效之间具有显著的中介作用。

表 4-30　　**销售人员控制和销售人员动机对行为绩效的影响**

模型十一	非标准化系数		标准系数	t	Sig.
	B	标准误差	(值)		
(常量)	4.170	0.432		9.656	0.000
活动控制	0.057	0.061	0.056	0.925	0.356
能力控制	0.170	0.067	0.168	2.522	0.012
结果控制	0.086	0.061	0.086	1.410	0.160
挑战寻求	0.074	0.051	0.097	1.449	0.009
报酬寻求	0.171	0.059	0.198	2.921	0.004
认同寻求	-0.076	0.083	-0.072	-0.914	0.002
任务享受	0.175	0.052	0.235	3.390	0.001

（2）销售人员动机的中介作用对结果绩效的影响

结合表4-31的反馈情况，销售人员控制的三个因子：活动控制因子、能力控制因子、结果控制因子与结果绩效的显著性关系消失（p值大于0.01）。由此可以判定：当加入销售人员动机这一中介变量后，销售人员控制的活动控制、能力控制、结果控制对结果绩效的直接作用都消失了，所以，销售人员动机在销售人员控制与结果绩效之间具有显著的中介作用。

表 4-31　　**销售人员控制和销售人员动机对结果绩效的影响**

模型十二	非标准化系数		标准系数	t	Sig.
	B	标准误差	(值)		
(常量)	3.285	0.382		8.601	0.000
活动控制	0.115	0.054	0.126	2.123	0.035
能力控制	0.044	0.060	0.049	0.747	0.456
结果控制	0.075	0.054	0.082	1.384	0.168
挑战寻求	0.058	0.045	0.083	1.270	0.005
报酬寻求	0.161	0.052	0.206	3.111	0.002
认同寻求	0.060	0.074	0.063	0.809	0.009
任务享受	0.148	0.046	0.219	3.231	0.000

4.7 结论与讨论

4.7.1 研究结论

本章通过构建销售人员控制、销售人员动机、销售人员绩效等变量的研究框架，探索实行合理的销售人员管理控制方式，触发销售人员内外部动机，提升销售人员绩效。具体研究结论归纳如下：

（1）销售人员控制与销售人员动机之间的关系研究结论

销售人员控制对销售人员内部、外部动机不同维度的影响有差异。销售人员控制对销售人员内部、外部动机的感知与情感维度产生不同影响。一些研究认为活动控制与能力控制对内部动机有不同影响（Challagalla & Shervani，1996），然而缺乏实证证据。通过对整体性内部动机的分解发现，活动控制主要影响挑战寻求（内在动机的感知维度），能力控制主要影响任务享受（内在动机的情感维度）。如果一直采用整体性内部动机，活动控制和能力控制对内部动机的不同影响将变得难以捉摸。

销售人员行为控制（活动控制与能力控制）对内部、外部动机的"双"影响。以往研究发现，行为控制与整体性内部动机而不是整体性外部动机存在正相关关系（Oliver & Anderson,1994）。本章结果表明，活动控制会对认同寻求产生正相关影响（外部动机的情感维度），而能力控制与报酬寻求存在正相关关系（外部动机的感知维度）。

（2）销售人员动机与销售人员绩效的关系研究结论

任务享受与销售人员结果绩效无显著相关关系，认同寻求与销售人员行为绩效无显著相关关系，销售人员动机的内外部动机四个维度——挑战寻求、报酬寻求、任务享受、认同寻求——对销售人员行为绩效、结果绩效都有显著的正相关作用。

通过区分内部、外部动机的感知与情感维度，揭示了内部与外部动机对销售绩效的相对影响。内部动机对绩效的正相关作用主要来自它的感知维度——挑战寻求，而外部动机对绩效的主要推力来自报酬寻求

(外部动机的感知维度)。若在研究动机与绩效之间的关系时采用整体性内部、外部动机，可能导致研究中出现不一致的发现(Ingram et al., 1989；Leach et al.，2005；Tyagi, 1985)。

总之，销售人员内部、外部动机本质上是多维度的，要充分理解它们在销售人员控制情境下的复杂性，只能通过其独特的感知与情感维度。

(3) 销售人员控制与销售人员绩效的关系研究结论

除了销售人员结果控制与销售人员行为绩效、结果绩效正相关之外，销售人员行为绩效(活动控制、能力控制)对销售人员绩效的影响较小。尤其是活动控制对销售人员绩效的影响，活动控制与结果绩效呈正相关关系，与假设不一致。此外，能力控制对销售人员结果绩效正相关，与假设相悖。

为了调查这两个假设的现实状况，我们进行了后续补充访谈，对周边5位销售人员进行了电话访谈或者面谈。访谈结果表明，在短期内，活动控制、能力控制可能影响销售人员绩效，但是从总体上来讲，它们会促进销售人员的销售活动调整或者提升销售人员的技能与胜任力，因此，最终会强化销售人员的行为绩效与结果绩效。

4.7.2 管理启示

本章通过研究销售人员控制对销售人员绩效的影响，引入销售人员动机作为中介变量。纵观实证研究结果与主要结论，我们希望能对企业销售人员管理者有一定的借鉴意义，通过匹配有效的销售人员控制方式，触发销售人员内外部动机，提升企业的销售绩效。

(1) 重视对销售人员控制方式的选择与匹配

在现实中，为了追求更高的销售绩效，企业或者销售管理者通常会采用两种措施：施加有效的销售人员控制方式与招募高技术水平的销售人员。本章认为，实行不同的销售人员控制会对销售人员内部、外部动机产生显著影响，并最终影响销售人员的行为及销售绩效。

(2) 区别对待活动控制与能力控制

一方面，活动控制通过销售人员内部动机的挑战寻求影响行为与结果绩效。那些依赖活动控制的销售管理者必须确保活动目标对于销售人员来说是有用且具有挑战性的。例如，过于详细的拜访报告与拜访新客户数量相比，可能会被视为不重要且缺乏挑战性。

另一方面，在销售过程中，能力控制（如自我培训、顾客信息获取等）会强化销售人员任务享受与报酬寻求，这有助于通过完善销售行为来间接地提升销售绩效。此外，与工作相关的挑战性被发现能积极地影响报酬需要。为了确定什么样的目标难度对于销售人员来说是有挑战性的，销售管理者有责任让销售人员参与到目标设置过程中来。对于那些愿意承担与其能力相比更具挑战性任务的销售人员，销售管理者应该考虑增加其固定薪酬的比重。

（3）协调利用结果控制与行为控制

有趣的是，结果控制不影响内部、外部动机（除报酬寻求外）或行为绩效，然而，它直接影响结果绩效。这一发现对于销售管理者来说意义重大，因为研究结果表明，与工作相关的动机（一般需要、欲望）不会受结果控制影响，行为绩效几乎没有改善，而结果绩效则会受到持续时间较长的影响。

此外，销售人员控制通过内部、外部动机（除挑战寻求外）对结果绩效的影响主要是通过行为控制产生的。销售经理，尤其是那些主要对其销售人员实施结果控制的销售经理，如果期望实现销售绩效的长期可持续提升，需要重新思考行为控制如何增强销售人员动机以及行为改善的问题。

4.7.3 研究局限性与展望

在研究过程中，我们虽然尽量按照规范操作，但是由于研究条件以及自身能力有限，仍然存在不足之处，需要进一步深化与完善，具体有以下四个方面：

第一，数据收集方法方面：本章采用横截面数据，因此，推断的变量因果关系以及结果代表性有待进一步检验。未来研究应该使用纵向时间序列法进行数据长期追踪，样本对象的选取应该推广到其他地区、城市的更多行业和企业。

第二，样本选取代表性方面：本章选取的样本主要为东部沿海地区几个行业的代表性公司，如医药、保险、电子等，因此，主要结论是否适用于其他地区、行业需要进一步检验。过往的研究表明，不同行业需要不同的销售战略，据此，未来的研究应该选取其他行业。

第三，研究视角方面：本章的构念主要通过销售人员的自我视角来叙述，这就存在研究视角偏差。未来的研究应该从销售人员以及销售经理中收集多源数据。此外，本章对中西方销售人员的差异化分析有所欠缺，后续研究应该多加关注。

第四，研究变量方面：本章仅关注销售人员正式控制，非正式控制在某些情况下可能有同等或者更高的效率，尤其是非正式控制常用于团队销售情境下。

5 正式控制对销售人员信任的影响效应研究

5.1 问题的提出

5.1.1 研究背景

销售人员是企业的战略资源之一，如何通过管理政策促使他们为企业价值的增加和战略目标的实现而努力，一直是销售管理理论和实践关注的研究课题（陈晓东，2008）。销售人员在组织中发挥关键作用。如何激励销售人员是销售经理需要优先考虑的问题，尤其是在西方经济放缓、全球竞争日益激烈、由几代劳动力构成的员工价值观有巨大差异的背景下。为了达到销售产品的目的，许多公司十分重视对销售人员的激励，并开发出大量不同的激励方案。销售人员的工作特点使得对销售人员的管理控制与一般意义上的管理控制有很大的差异，这就决定了对销售人员的管理控制及其作用效果有一定的特殊性。

依据社会交换理论的观点，下属会信任上司是因为彼此曾有圆满的交换经历，这种经历会引发下属回报上司的义务感以及上司也会回报的预期。进行销售管理的基础是信任和服从，只有你的员工信任你、服从你，才能有执行力。与组织内部一般员工信任上司方面的研究相比，销售人员信任上司的相关研究比较少。鉴于销售人员与一般员工的工作特点存在诸多显著的差异，销售人员信任上司的影响因素研究具有一定的特殊性，有待进一步展开。

在我国销售管理中，如果销售人员对上司的信任程度高，销售人员的工作反应就会更加积极。管理者要确保他们的事业取得成功，就必须花费时间与员工建立良好的信任关系。我国正处于经济转型时期，信用制度的缺失增大了销售人员与上司建立信任关系的难度，如何构建信任关系是各界长期关注的热点。当销售管理者感觉到销售人员不可替代时，控制会成为销售管理者最重视的问题之一。而信任与控制是一对复杂的概念，初浩楠和廖建桥（2008）认为控制与信任的匹配不仅可降低控制成本、调节上下级冲突、提高员工绩效，还可以成为组织不可模仿的核心竞争力。研究上司与销售人员之间信任与控制的关系，旨在说明上司应该正视正式控制的作用。国内外关于员工信任的内涵及测量的研究较多，但对于销售人员信任的内涵及测量的研究则相对较少，本章将在员工信任和销售人员工作特点的基础上澄清销售人员信任上司的内涵。基于销售人员信任上司的内涵并结合我国国情和销售人员的工作特点，这在销售人员信任上司的研究中是很有特色的。其成果既是对销售人员信任上司研究理论上的突破，也对构建销售组织内部信任具有指导意义。

自从 Atuahene-Gima 和 Li（2002）、Choi（2004）等人利用结果控制、活动控制、能力控制来研究销售人员信任以来，相关研究都集中在正式控制是如何通过销售人员信任上司来影响销售人员行为的，很少有研究关注正式控制与销售人员信任上司之间的调节因素，人们对于结果控制、活动控制、能力控制对销售人员信任上司的作用机理的认识还不够清晰。民族文化影响组织和个人的行为，它对信任的发展和有效性也有重要意义。正式控制与销售人员信任上司的关系可能具有文化特殊性，但现有的销售管理文献很少对中国人传统性这种调节作用进行研究。

5.1.2 研究内容和目的

本章将致力于构建一个正式控制与销售人员销售行为之间关系，并考虑销售人员信任上司和中国人传统性对两者之间关系的中介影响和调节影响的理论模型，从理论上说明以信任为纽带、受中国人传统性调节的正式控制对改善销售人员销售行为的作用方式、过程和机理，在实证基础上提出改善销售人员信任上司的管理措施和政策建议。首先，分析和论述正式控制与销售人员信任上司的关系。其次，探讨和提出销售人员信任上司与正式控制关系的理论假设，并考虑中国人传统性对两者关系的调节效应。在此基础上，运用调查数据对相关假设进行检验、解释和说明，根据理论和实证分析的结果构建以中国人传统性为调节变量的正式控制对销售人员信任上司影响的理论模型，说明这三者之间的理论关系。

本章研究的目的就是弥补现有研究的不足，分析销售人员对上司的信任受结果控制、行为控制和能力控制的影响程度；另外，检验中国人传统性是否会调节结果控制、活动控制和能力控制对销售人员对上司的信任的影响。

5.1.3 研究意义和研究创新点

(1) 理论意义

首先，有利于深化正式控制对销售人员销售行为影响的理论认识，特别是不同类型正式控制的不同影响机制；进一步完善销售人员管理控制理论。其次，有助于进一步发掘销售人员信任上司的生成和影响机制，特别是基于我国经济转型特征的考察；进一步拓展销售组织内部信任机制的相关理论。再次，有助于厘清中国人传统性这一极具中国情境特质的元素对销售人员信任上司的影响机理，进一步推动本土化销售人员管理理论的发展和完善。上述理论成果可以为企业提高销售人员的管理效率和政府规范销售人员的从业行为提供理论参考和决策依据。

（2）现实意义

面对国际金融危机的冲击，我国不得不加快经济增长方式的转变，即从外向型经济转变为内源型经济，扩大内需、繁荣流通、进一步振兴国内市场已经成为国家发展的重要战略。在此背景下，有效运用管理控制，改善销售人员销售行为具有现实意义。销售人员的销售行为是扩大内需、繁荣流通和振兴国内市场的必要途径和微观基础，销售人员销售行为的改善对于促进我国经济增长方式的转型起着不可或缺的作用。另外，我国政府也以建立和谐社会为长期发展目标，人际间的信任是建立和谐社会的重要基础。

（3）研究创新点

首先，深化正式控制对销售人员信任上司影响的理论认识，特别是不同类型正式控制的不同影响机制；进一步发掘销售人员信任上司的生成和影响机制，特别是基于我国经济转型特征的考察；进一步拓展销售组织内部信任机制的相关理论。其次，深度剖析我国销售人员正式控制、信任上司、中国人传统性之间的关系，了解销售经理如何有效运用正式控制促进销售人员对其产生信任，并找到符合我国国情的改善销售人员销售行为的有效途径。

5.2 研究假设和概念模型

本章的核心是探讨销售人员信任上司的影响因素。文献综述一章中对本章的核心概念，如结果控制、活动控制、行为控制、销售人员信任上司、中国人传统性等进行了回顾，是本章的重要理论基础。

在本章中，我们重点探讨变量之间的关系。依据前人的研究成果、中国上下级关系的现状和逻辑推断，我们提出本章的研究假设，形成概念模型。

5.2.1 正式控制对销售人员信任上司的影响

在销售人员有上司的情况下，Kohli等（1998）检验了结果控制、行为控制和能力控制对销售人员学习导向和绩效导向的影响。研究发现，结果控制和能力控制对学习导向有正向影响，结果控制和行为控制对绩效导向有正向影响。Challagalla和Shervani（1996）发现行为控制、结果控制和能力控制的信息有助于提高销售人员对上司的满意度。能力控制和行为控制的报酬有利于提高销售人员对上司的满意度，结果控制的报酬则降低了销售人员对上司的满意度。行为控制和能力控制的惩罚都不利于提高销售人员对上司的满意度，结果控制的惩罚则与销售人员对上司的满意度没有显著关系。Challagalla等（2000）发现能力控制有助于提高销售人员对上司的满意度，行为控制和能力控制都与销售人员对上司的满意度没有显著关系。Kuster和Canales（2008）发现行为控制可以直接提高以及通过提高销售人员的工作效率而间接提高销售人员对上司的满意度。

在销售人员信任上司的前因研究方面，Flaherty和Pappas（2000）发现上司的分配公平和程序公平可以促进销售人员对上司的信任,进而改善销售人员的工作满意度和组织承诺。Brashear等（2003）研究了销售人员和上司之间建立信任的过程和结果，发现上司对销售人员的尊重以及上司与销售人员拥有共同的价值观（认同型的信任）都是销售人员对上司的信任的重要原因，人际间的信任对销售人员的工作满意度有直接影响，对销售人员的组织承诺和离职倾向有间接影响。Sallee和Flaherty（2003）发现上司的价值观和授权行为有助于促进销售人员对上司的信任，进而改善销售人员的销售绩效。Choi等（2004）强调了结果控制、能力控制和行为控制中的信息对销售人员机会主义行为影响的重要性。结果控制的信息可以有效抑制销售人员的机会主义行为，能力控制的信息虽然对销售人员的机会主义行为没有显著的影响，但它可以通过强化销售人员信任上司进而减少销售人员的机会主义行为，行为控制的信息则会助长销售人员的机会主义行为。Brashear等（2005）认为行为控制有助于改善销售人员对上司的信任，并进而提高销售人员的公平感和降低其离职意愿。Mulki等（2006）认为组织的道德氛围有助于改善销售人员对上司的信任，进而提高销售人员的工作满意度和降低其离职意愿。由于控制发生在上司和销售人员之间，正式控制很可能成为影响销售人员信任上司的重要因素。考虑到控制意味着组织和员工共享绩效风险，Atuahene-Gima 和 Li（2002）根据交易成本理论认为销售人员会根据控制方式来推断上司的意图。他们认为信任受到控制机制的影响，影响程度取决于销售主管对销售人员使用的控制方式。

信任反映了销售人员依靠他们的上司保护他们自身利益的需要，它是发展和维持社会交换关系的关键因素（Morgan & Hunt，1994）。销售人员为什么要相信自己的上司？研究表明，信任的重要驱动力之一是上司对销售人员的控制。

（1）结果控制对销售人员信任上司的影响

结果控制是一种“放手管理”的做法，它给予销售人员很大的自主权和很强的独立性，同时也给予销售人员与其产出相符的报酬。此时，结果控制把业绩风险转移到销售人员身上，尽管他们无法控制影响产出的公司和环境因素。通过增大销售人员的业绩风险，结果控制对销售人员发出一个消极信号，即上司对他们缺乏关注或支持。正如学者们所认为的那样，若管理者在很大程度上依赖定量措施，员工往往会感受到很大的压力，他们感知的与上司的关系也会很弱。Atuahene-Gima 和 Li（2002）对中国高新技术企业销售人员的调查发现，结果控制虽然对销售人员信任上司没有显著影响，但它可以增强销售人员信任上司对销售绩效改善的作用。因此，可以建立以下命题：

假设 1：结果控制对销售人员信任上司有显著的负向影响。

（2）活动控制对销售人员信任上司的影响

不同于结果控制，活动控制是在销售活动的基础上对销售人员进行评估，因此销售人员会积极在销售活动中发挥作用，比如与客户建立长期、连续的关系。Anderson 和 Oliver（1987）认为，控制系统越是以行为控制为基础，销售人员越是重视公司的利益和长期发展。活动控制是只要销售人员达到了过程要求，无论产出是否达到要求，他都能得到报酬。在这种情况下，组织承担了业绩风险，所以销售人员的产出压力就相应减少了。尽管活动控制可能限制销售人员的自主权，但它给销售人员发出了一个积极的信号，即上司是关心、爱护和支持他们的。就像 Oliver 和 Anderson（1994）所认为的那样，由于上司为他们提供了低风险环境，员工能从上司那里感受到认可和感激。通过 Atuahene-Gima 和

Li（2002）对中国高新技术企业销售人员的研究发现，活动控制有利于促进销售人员信任上司。因此，可以建立以下命题：

假设2：活动控制对销售人员信任上司有显著的正向影响。

（3）能力控制对销售人员信任上司的影响

共享信息和互相沟通可能在各方之间形成更多的合作、协议和信任关系。在交换关系中，销售人员提供努力和结果，上司提供信息和支持。当上司给销售人员提供能力信息（如为了使成果最大化而提供发挥能力或增强技能的机会）时，上司就会加强双方之间的信息交流，也就促进了销售人员与上司之间的信任关系。在能力控制下，上司需要销售人员增强技能和发挥能力。采用能力控制的上司倾向于培养销售人员对自己的信任。上司可以通过真正关心员工的需求、倾听他们的忧虑、开放双向沟通渠道等来获取销售人员的信任。因为销售人员对上司的诚实、能力和可靠性有信心，并相信上司愿意帮助他们获得成功，所以销售人员对上司是信任的。

在对210名韩国旅游和电信行业销售人员的研究中，Choi、Dixon和Jung（2004）发现能力导向控制（即能力信息控制）对销售人员信任上司产生了积极影响，能力控制可以通过强化销售人员信任上司进而减少销售人员的机会主义行为。尽管实证研究没有发现能力控制能显著强化销售人员对上司的信任，Schwepker和Good（2010）从理论上论证了能力控制可以通过强化销售人员对上司的信任进而改善销售人员的道德判断。因此，可以建立以下命题：

假设3：能力控制对销售人员信任上司有显著的正向影响。

5.2.2 中国人传统性的调节作用

中国人传统性（Chinese Traditionality）这个概念源于杨国枢、余安邦等人（1992）。自Farh等（1997）把这个概念引入组织管理研究领域以来，很多学者基于此讨论了中国人传统性的调节作用。以往的研究证明，中国人传统性的调节作用表现在公平感与员工工作表现、领导-部属交换与员工的组织公民行为、组织支持认知与员工工作表现等关系中。在近年对中国企业管理问题的研究中，学者们发现领导作用的发挥受到员工中国人传统性的重要影响。吴明隆等（2009）研究发现，员工的传统观念对上司实施的辱虐管理过程有重要的影响，传统性越高，辱虐管理与员工信任上司之间的负向关系就越弱。汪林和储小平（2009）发现高传统性员工在违背心理契约时，工作满意度、组织承诺以及工作绩效的变化不大，但对于低传统性员工而言,其工作满意度、组织承诺以及工作绩效都表现出明显的下降趋势。

在组织中，高传统性个人接受地位的差异是很容易的（和高权力距离个人相似），他们的行为往往由他们作为下属这个身份所支配。因此，高传统性员工往往更愿意遵照领导者的指示行动而不倾向于担任领导者的角色。若一旦被授权担任领导者，他们可能感到很沮丧。高传统性员工不愿意承担某些与工作相关活动的责任，原因可能是他们的无力感或者是较低的代理意识。结果，委托授权不会增强高传统性个人的自我观念。Kirkman和Shapiro（1997）指出，高传统性员工可能抵制以高度自我管理为特征的自制类型。相反，低传统性个人（与低权力距离个人有相似特征的人）较少受上司-下属于关系期望的限制。这些人可能有较高的代理意识并且渴望获得执行某些与工作相关活动的权力。委托授权不仅在加强低传统性个人作为组织成员的感知方面起作用（内部人身份感知），而且在对增强他对“我是这里很重要的一部分”的信念方面也起作用（基于组织的自尊）。

高传统性员工对于组织的态度通常是由社会角色预先加以确定的，而低传统性员工对于组织的态度往往是由与组织领导者的互惠交换所决定的（Farh，1997；Farh，2007）。高传统性员工更容易接受组织内部的权力差异。在中国的组织情境中，高传统性销售人员对上司的正式控制有更强的接受力，即使上司在评价过程中只考虑结果、行为等，他们也更加倾向于遵守自己作为“卑”者地位的角色规范与义务，信任处于“上”者地位的领导者。

我们认为结果控制、活动控制、能力控制与销售人员信任上司的关系受文化价值因素——中国人传统性的影响。因此，可以建立如下命题：

假设4：中国人传统性在正式控制与销售人员信任上司的关系中起

调节作用。

假设 4a：对高传统性销售人员而言，结果控制与销售人员信任上司之间的负相关关系将比低传统性销售人员更强。

假设 4b：对高传统性销售人员而言，活动控制与销售人员信任上司之间的正相关关系将比低传统性销售人员更强。

假设 4c：对高传统性销售人员而言，能力控制与销售人员信任上司之间的正相关关系将比低传统性销售人员更强。

基于以上假设，本章的概念框架如图 5-1 所示。

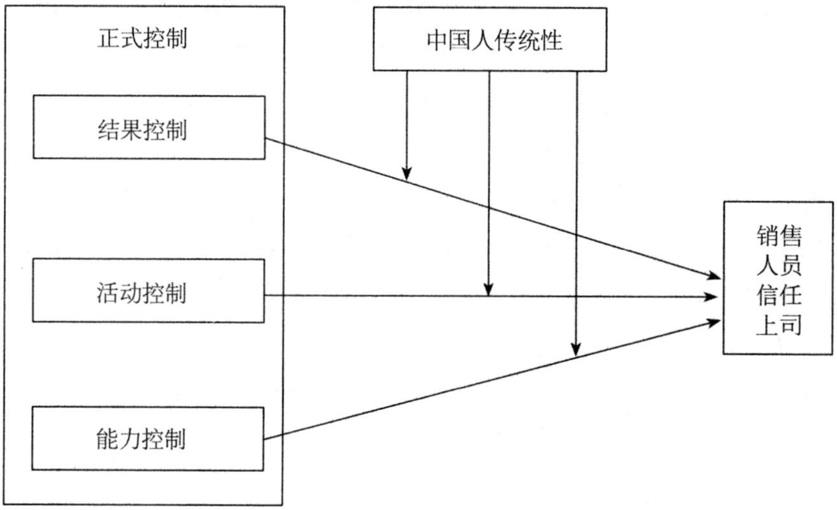

图 5-1 本章的概念框架

5.3 实证检验

5.3.1 量表来源

本章的量表主要参考国内外学者的研究成果。量表设计是本章进行实证研究的基础，预调研过程及正式调研的问卷形成都是基于量表设计的结果。

本章变量的量表设计参考了国内外研究文献，考虑到国外量表原文可能存在不适合国情的问题，我们邀请相关专业人员对国外量表进行翻译，保证不失原意；然后安排1位相关领域人员将翻译后的量表再翻译成中文，通过对比不同之处，仔细核对修改，并探讨以往研究成果中的英文原意，以确保问卷中的测项真实反映英文量表的含义，并且通俗易懂。

（1）正式控制

对于结果控制、活动控制、能力控制，我们均测量目标设定、执行监督并评估反馈沟通的程度（即信息维度），还测量每一种控制的奖励与惩罚程度（即强化维度）（Challagalla，1996）。用于测量结果、活动以及能力信息的测项来自Jaworski和MacInnis（1989）的研究，而评估销售人员的测项源自Morris和他的同事（1991）的研究。

三种控制的强化维度测量采用Podsakoff和他的同事（1984）以及Schul、Remington 和Berl（1990）等建立、发展的题项。奖励题项用来评估与结果、活动以及能力目标相关的奖励程度，如奖金、表彰、嘉奖、晋升以及加薪等。同样，惩罚题项用来评估与结果、活动以及能力目标相关的惩罚程度，如正式与非正式的警告、感化以及少量的加薪等。所有控制题项的评分由李克特五点量表测量，由“完全不赞同”到“完全赞同”。

（2）信任上司

对信任上司的评估采用效度和信度都比较高的量表（MacKenzie，Podsakoff & Rich，2001）。对回复者的分数取平均数，这些分数表示销售人员对他们的上司的公平性是否有信心。分数越高意味着销售人员越信任上司。样本项目包括“我对我的上司会尽力公平地对待我非常有信心”等测项。

（3）中国人传统性

利用由Yang等（1989）建立的中国人传统性尺度15项来测量这个重要的调节变量。该量表包括Farh等（1997）引用的五个方面，也包括先前在中国大陆进行的一个研究中使用过的量表（Chen，1997）。样本项目包括“要避免发生错误，最好的办法是听从长者的话”“如果因事争执不下，应请辈分最高的人主持公道”等15项内容。

5.3.2 预调研

本章采用调查问卷方式。由于本量表在国内应用不多，可参考的题项较少，因此我们请30位大学生对问卷进行了预测试，并通过SPSS15.0检验其在中国环境中的效度和信度。考虑到销售人员的特殊性，在选择预调研对象时有限定条件，譬如必须是大四学生，并且有四个月以上销售或促销相关经验。以大学生作为预调研对象，一方面是因为时间、经费等条件的限制，另一方面是易于与他们进行面对面的访谈。通过访谈，可以根据他们的意见对问卷进行修改，剔除容易引起歧义的部分，以保证问卷的语义足够清晰，贴合实际，方便被调查人员填写。

预调研的因子分析结果显示，量表中最小的标准化因子载荷为0.715（>0.4），所选变量对相应因素的最小累计解释度为53.770%（>30%），都具有统计意义上的显著性（$p \leq 0.001$），这说明量表所有因素都具有很好的收敛效度。检验结果显示，本量表各因素的Cronbach's α均超过0.7（>0.65），说明量表的内在一致性较好，问卷可以进一步使用。量表预测试的效度和信度检验结果见表5-1。本章主要运用SPSS15.0对数据进行检验性信度分析、描述性统计分析、相关性分析和层级回归分析。本章采用李克特五点法对问卷项目进行评价（1=完全不赞同，5=完全赞同）。本章所用量表均是成熟量表并被国外的实证研究所检验。

表5-1　**因子分析和信度检验结果**

因素	项目数	累积解释变异量（%）	信度α系数	标准化α系数
上司信任	3	63.711	0.710	0.715
结果控制	12	53.841	0.877	0.877
活动控制	11	55.704	0.869	0.868
能力控制	11	56.457	0.866	0.866
中国人传统性	15	58.390	0.813	0.812

5.3.3 正式调研

为了观测结果、活动以及能力三个方面的控制，来自多个产业多个公司的销售人员参与了此次调研。虽然各个产业的业务不同，然而它们的运营环境是相似的，这是因为：一方面，销售人员都有同质化的术语；另一方面，典型的销售人员的待遇是由固定工资与绩效工资组成的。

根据研究目的，问卷分为两个部分：第一部分为个人背景资料，包括个人基本信息和相关职业经历。个人基本信息包括性别、教育水平等，相关职业经历包括所在行业、在职时间长短等，共7个题目。第二部分是对结果控制、活动控制、能力控制、信任上司、中国人传统性的描述，参照以往的量表，共52个题目。为了更好地验证销售人员感知到的控制类型以及他们的态度，对各个测项的顺序进行了有规律的排列。

问卷的数据采集时间从2011 年12 月初到2012年3月底，以滚雪球抽样法对国内的销售人员进行调查，问卷以电子邮件和委托方式直接或间接发放。问卷发送范围包括IT/计算机/通信、会计/金融、教育/培训、生产/制造、医药/生物、服务/物流、建筑/房地产、煤炭/能源、贸易/中介等多个行业。鉴于我国幅员广阔，各个行业和各种规模企业的销售人员繁多，上述抽样方法并不能精确反映国内销售人员的状况，然而，出于定位探索研究的目的，一定数量的回收问卷可保证所得到的分析结论不会是特殊情况。

本章回收问卷196 份，除4份由于评估分数一致视为无效问卷外，得到有效问卷192 份，占回收样本的97.96%。样本的分布见表5-2，在192个回复者中，70.3%是男性。年龄为15~35岁的销售人员比例是95.8%，占回复者的绝大部分。他们代表了多样化的行业背景，包括IT/计算机/通信（24.5%）、会计/金融（10.9%）、教育/培训（12.5%）、生产/制造（8.9%）、医药/生物（8.3%）、服务/物流（12%）、建筑/房地产（7.3%）、煤炭/能源（3.1%）、贸易/中介（3.1%）和其他（9.4%）。回复者的平均受雇时间是2.86年（标准偏差=2.961），教育程度基本在大学专科及以上。

表 5-2 **样本分布表**

	项目	人数	所占百分比（%）
性别	男	135	70.3
	女	57	29.7
年龄	15~25 岁	69	35.9
	26~35 岁	115	59.9
	36~45 岁	6	3.1
	46 岁以上	2	1
行业	IT/计算机/通信	47	24.5
	会计/金融	21	10.9
	教育/培训	24	12.5
	生产/制造	17	8.9
	医药/生物	16	8.3
	服务/物流	23	12
	建筑/房地产	14	7.3
	煤炭/能源	6	3.1
	贸易/中介	6	3.1
	其他	18	9.4
教育程度	初中级以下	6	3.1
	高中/中专/职高/技校	9	4.7
	大学专科	35	18.2
	大学本科	95	49.5
	研究生及以上	47	24.5

5.4 结 论

5.4.1 正式控制对销售人员对上司信任的影响分析

表5-3给出了主要变量之间的相关系数。见表5-4（假设1、假设2、假设3），我们建立模型XR= a+b×JG+c×HD+d×NL+e。模型中变量的方差膨胀因子（VIF）未超过2，说明变量间不存在多重共线性问题；各模型的Durbin-Watson也不大于2，表明残差没有自相关问题。

结果控制与销售人员信任上司负相关关系显著，活动控制、行为控制与销售人员信任上司正相关。我们可以很明显地看到，当销售主管更多地采用活动控制和能力控制时，即上司更关心销售人员的销售活动和销售技巧时，销售人员对其上司的信任感知显著增强。总的来说，假设1成立，结果控制和信任上司之间的重要关系得到证明。假设2、假设3也成立，活动控制和能力控制影响销售人员对上司的信任感知。

表 5-3　**变量相关性分析（n=192）**

	均值	标准差	信任上司	结果控制	活动控制	能力控制	中国人传统性
信任上司	3.293	0.037	(0.715)				
结果控制	3.463	0.067	−0.349**	(0.877)			
活动控制	3.371	0.064	0.606**	−0.110	(0.868)		
能力控制	3.340	0.036	0.636**	−0.122	0.102**	(0.866)	
中国人传统性	2.877	0.138	0.147*	0.115	0.170*	0.180*	(0.812)

注：n=192；*p≤0.05；**p≤0.01；括号内数值是量表的内部一致性信度。

表 5-4　**信任上司对结果控制、活动控制和能力控制的层级回归分析结果**

因变量	预测变量	β	t	Sig.	VIF	W.D.
信任上司	结果控制	−0.388**	−5.239	0.000	1.015	1.950
	活动控制	0.233*	1.410	0.042	1.921	
	能力控制	0.624**	3.682	0.000	1.899	
R^2=0.485　ΔR^2=0.477　ΔF=59.017						

注：n=192；*p≤0.05；**p≤0.01。

5.4.2　中国人传统性的分析

为了验证中国人传统性（CT）对结果控制（JG）、活动控制（HD）和能力控制（NL）与信任上司（XR）的调节作用，我们构建下列多元线性回归模型：

模型1：$XR=a+b\times G+c\times CT+d\times ICT\times JG+e$

模型2：$XR=a+b\times HD+c\times CT+d\times ICT\times HD+e$

模型3：$XR=a+b\times NL+c\times CT+d\times ICT\times NL+e$

其中，ICT×JG、ICT×HD和ICT×NL分别是结果控制、活动控制和能力控制与中国人传统性的交互项，代表两者的交互效应。为了避免引入交互项而导致的多重共线性问题，同样按照Aiken和West的方法对变量进行中心化处理。结果见表5-5，各模型中变量的方差膨胀因子（VIF）未超过2，说明变量间不存在多重共线性问题；各模型的Durbin-Watson也不大于2，表明残差没有自相关问题。

表5-5 中国人传统性的调节作用的回归分析结果

因变量	预测变量	β	t	Sig.	VIF	W.D.
信任上司	结果控制	−0.522**	−5.469	0.000	1.028	1.889
	中国人传统性	0.325*	2.818	0.005	1.014	
	结果控制-中国人传统性	0.007	0.041	0.967	1.014	
R^2=0.258 ΔR^2=0.244 ΔF=11.734						
信任上司	活动控制	0.812**	10.194	0.000	1.030	1.944
	中国人传统性	0.086	0.853	0.394	1.037	
	活动控制-中国人传统性	0.131	0.976	0.330	1.007	
R^2=0.372 ΔR^2=0.362 ΔF=37.105						
信任上司	能力控制	0.875**	10.974	0.000	1.037	1.981
	中国人传统性	0.062	0.634	0.524	1.039	
	能力控制-中国人传统性	0.086	0.687	0.493	1.007	
R^2=0.485 ΔR^2=0.477 ΔF=59.017						

注：n=192；*p ≤0.05；** p ≤0.01。

由表5-5可知，模型1中结果控制与中国人传统性的交互效应显著相关，中国人传统性对结果控制与信任上司的关系起调节作用，假设4a成立；模型2中活动控制与中国人传统性的交互效应显著相关，中国人传统性对活动控制与信任上司的关系起调节作用，假设4b成立；模型3中能力控制与中国人传统性的交互效应显著相关，中国人传统性对能力控制与上司信任的关系起调节作用，假设4c成立。

5.5 讨 论

5.5.1 正式控制与销售人员信任上司的关系

我们的研究基于两个基本的销售控制观念，即Anderson和Oliver (1987) 的行为与结果二分法。随着管理从结果控制到行为控制的变化，销售人员的思想、感觉和动机在不同控制系统中有所不同。但这些都是一般趋势，我们的结果表明，正式控制部分影响销售人员对上司的信任，即结果控制对销售人员信任上司有显著的负向影响，活动控制对销售人员信任上司有显著的正向影响，能力控制对销售人员信任上司有显著的正向影响。

假设1成立，结果控制对销售人员信任上司有显著的负向影响 ($\beta=-0.388$，$p\leqslant0.01$)。当上司对销售人员采用较高程度的结果控制时，销售人员对上司的信任程度会减弱。这表明对销售人员的控制不能只考虑组织或公司要达到的目标，还要具有关爱和灵活特征。只有这样，销售人员才会相信上司，支持上司。

假设2成立，活动控制对销售人员信任上司有显著的正向影响 ($\beta=0.233$，$p\leqslant0.01$)。当上司对销售人员采用较高程度的活动控制时，销售人员对上司的信任程度会增强。如果销售人员的销量没有达到规定的数量，但他在给客户打电话或拜访的过程中付出了更大的努力，此类销售人员在结果控制系统中可能会被看低并且待遇也不好，但他们在活动控制系统中会得到宽容和奖励。因而销售人员对采取这种控制方式的上司有更多的好感。

假设3成立，能力控制对销售人员信任上司有显著的正向影响 ($\beta=0.624$，$p\leqslant0.01$)。当上司对销售人员采用较高程度的能力控制时，销售人员对上司的信任程度会增强。在能力控制系统下，上司可以指导销售人员，帮助销售人员了解和熟悉实现公司战略目标所要采取的措施。在这种情况下，上司和销售人员一起创造了公司的业绩并打造了专业知识形象。此时上司对销售人员如何完成业绩承担责任，销售人员与上司的关系更加密切，更易发展出牢固的信任关系。

就像假设所预测的那样，研究结果为正式控制对销售人员信任上司的影响提供了证据。从以往的研究结果来看，Atuahene-Gima 和 Li（2002）的研究发现结果控制虽然对销售人员信任上司没有显著的影响，但它可以加强销售人员信任上司对销售绩效改善的作用；Schwepker和Good（2010）在实证研究中发现结果控制没有显著强化销售人员对上司的信任。我们的研究结果与此也是一致的。

寿志钢、朱文婷、苏晨汀和周南（2011）对营销渠道中的行为控制如何影响信任关系进行了研究，结果表明供应商的活动控制和能力控制会显著降低分销商所感知到的善意信任和能力信任。而Atuahene-Gima和Li（2002）发现活动控制是有利于促进销售人员信任上司的，Schwepker和Good（2010）从理论上论证了能力控制可以通过强化销售人员对上司的信任进而改善销售人员的道德判断。我们的研究结果也证明，活动控制和能力控制对销售人员信任上司有显著的正向影响。

我们建议管理者总结经验，找出适合销售人员的控制方式，并学习在做决策时如何权衡好控制的力度。有经验的管理者会做出正确的决策，但短期组织压力和环境也会使决策具有差异性。

5.5.2 中国人传统性的调节效应

与前人对销售人员控制的研究不同，我们专注于正式控制对销售人员信任上司的影响，并对中国人传统性的作用进行了探索。我们发现，正式控制部分影响销售人员信任上司，但加入中国人传统性的调节作用后，我们的假设是被多方面支持的。

假设4a成立，对高传统性销售人员而言，结果控制与销售人员信任上司之间的负相关关系将比低传统性销售人员更强（$\beta=-0.522$；$p\leqslant0.01$）。这说明在中国情境下，高传统性销售人员面对上司采用的结果控制，比低传统性销售人员面对结果控制，更不易对上司产生信任。

假设4b成立，对高传统性销售人员而言，活动控制与销售人员信任上司之间的正相关关系将比低传统性销售人员更强（$\beta=0.812$，$p\leqslant0.01$）。这说明在中国情境下，高传统性销售人员面对上司采用的活动控制，比低传统性销售人员面对活动控制，更易对上司产生信任。

假设4c成立，对高传统性销售人员而言，能力控制与销售人员信任上司之间的正相关关系将比低传统性销售人员更强（$\beta=0.875$，$p\leq0.01$）。这说明在中国情境下，高传统性销售人员面对上司采用的能力控制，比低传统性销售人员面对能力控制，更易对上司产生信任。

综上所述，正式控制对销售人员信任上司有显著的影响。当加入中国人传统性的作用后，关系的强度发生了改变。在上司与销售人员的关系中，中国人传统性往往表现为传统社会普遍强调的上尊下卑的角色关系与义务。例如，上司对销售人员施加影响时，销售人员应该无条件和无批判性地尊敬、信任和服从。因此，在我国这种集体主义倾向文化背景中，高传统性销售人员对于上司的态度和行为通常是由特殊的社会角色关系预先加以确定的，他们可能更加倾向于恪守自己作为卑者地位的角色规范与义务，遵从、信任与维护上司的领导，因此不会有犯上越矩的举动。在我们的研究中，对高传统性销售人员而言，结果控制与销售人员信任上司之间的负相关关系将比低传统性销售人员更弱，活动控制与销售人员信任上司之间的正相关关系将比低传统性销售人员更强，能力控制与销售人员信任上司之间的正相关关系将比低传统性销售人员更强。

5.5.3 管理启示、局限性及未来研究方向

对以往的研究进行分析，结果控制对销售人员信任上司有显著的负向影响，活动控制和能力控制都对销售人员信任上司有显著的正向影响。我们的研究也表明结果控制对销售人员信任上司的负向作用显著，活动控制和能力控制对销售人员信任上司有正向作用。除此之外，本章识别了正式控制与销售人员信任上司之间关系的调节变量：中国人传统性，并对其调节作用进行了分析。针对不同类型的控制，高传统型销售人员认为上司更具有支持性和关爱性。

（1）管理启示

销售环境变化迅速、销售人员素质不断提高、企业对客户关系质量更加重视，加之销售岗位本身的特点，这些都对销售人员管理提出了新

的要求，优化当前我国企业中销售人员的控制模式、重视正式控制显得尤为重要。本章的实证研究结果为公司强化销售人员正式控制提供了理论支撑。

第一，正式控制方式的应用要求销售主管改变传统的以代理理论为指导的管理控制观念，树立符合中国情境的管理控制观念。如果采用的控制系统着眼于短期利益、仅注重交易，就会强化公司与销售人员的纯经济利益关系，而不利于公司的长远发展。反之，如果公司重视正式控制方式的应用，重视销售主管与销售人员之间的沟通，重视和鼓励销售人员的销售活动，重视提升销售人员的销售能力，重视销售人员个人的长远发展，就有利于企业的可持续发展。

第二，结果控制、活动控制和能力控制都要求销售主管和销售人员参与到销售管理中来，这可以使他们更好地理解对方的行为，促进管理者和销售人员的沟通和信息共享，让销售人员更加清楚地认识自己的角色，感觉到公司或者销售主管对他的重视。当上司在组织中遭遇信任问题时，他可以着手建立和完善正式控制机制，以达到更好管理销售人员行为和结果的目的，防止不良销售行为的出现。随着各项制度的建立，销售人员的行为逐步被规范，上司可以调整对销售人员的控制水平（结果控制、活动控制和能力控制），这时销售人员对上司的信任水平也会随之发生变化。

第三，结果控制、活动控制和能力控制各有优缺点。活动控制会对销售人员的活动做好事先规定并监督他们实施规定的行为，告知他们如何达到行为要求。结果控制为销售人员的工作结果制定目标并追踪目标的完成，做出结果反馈。能力控制以培养和提高销售人员的技能为目标，教导销售人员如何有效地实施销售任务，监督他们的工作过程并提供销售技能方面的反馈。如果公司将这三种控制方式组合运用，形成既注重行为又注重结果的控制系统，就可以达到最佳的控制效果。

第四，中国人传统性是中国传统文化的长期积淀，它对销售人员信任上司有广泛的影响，厘清其影响的方式和机理是理解我国销售人员信任上司文化根源的关键。在理论上，这有助于揭示正式控制对我国销售人员信任上司的影响机制，充实了上司-销售人员信任关系的跨情境研究；在实践上，它能指导管理者辨识自身行为的有效性，优化上司-销售人员信任关系。

（2）研究的局限性

同任何研究一样，我们的研究也存在如下局限性：

第一，研究样本的局限性。我们采用滚雪球抽样法，虽然调查费用大大减少，但这种成本节约是以调查质量的降低为代价的。样本可能出现偏差，因为那些个体的名单来源于最初调查过的人，而他们可能十分相似，因此，样本可能不能很好地代表总体。

第二，中国人传统性是一个复杂的问题，它包含五个维度，但本章仅把遵从权威作为中国人传统性的重点，在下一步研究中，应该从各个维度全面考虑中国人传统性的调节作用。

第三，没有把控制与信任的匹配性研究置于动态环境中，也是本章的一个局限性。销售人员对上司的信任可能受到销售人员个人能力、上司能力以及上司与销售人员关系持续时间等因素的影响，这些因素在不同环境中也是不同的。出于时间和成本等现实因素的考虑，本章只是静态地研究了这种关系。

（3）未来研究方向

尽管存在研究和应用上的困难，但对正式控制进行研究非常有利于分析中国背景下的企业销售管理问题。自20世纪90年代以来，我国销售管理问题的研究集中于采用何种薪酬制度来激励销售人员。采用最多的就是公平理论和代理理论，它们关注薪酬对于销售人员的激励作用，但也只关注薪酬的激励作用，使得许多现象难以解释。所以，结合正式控制与信任，构建中国情境下的销售人员激励结构，将有可能为清楚地分析销售人员的激励问题提供新思路，为销售人员管理提供新方法。另外，正式控制不仅可以分析销售人员激励问题，也可以分析其他类型销售组织的激励问题。总之，作为销售管理的一个重要部分，正式控制和销售人员对上司信任的相互作用将是组织销售管理研究的关键问题。

作为一个较新领域的初步研究，本章更多的是一种简单的探讨，未来需要做进一步深入研究，以拓展现有的研究内容。结合研究现状，我们认为可从以下三个方面拓展：第一，我们没有考虑销售人员与上司关系持续时间的影响。信任具有很强的动态性，销售人员与上司关系持续时间的长短也影响控制与信任的关系。对于任职时间不同的销售人员，正式控制与信任上司的关系也会存在差异。尽管我们在正式调研中涉及了此问题，但是考虑到研究重点，我们并没有对这一问题进行探讨，这也是本章的另一个局限性。第二，尽管我们对能力控制对销售人员信任上司的影响做了研究，但在影响销售人员信任上司的因素中，销售人员自身的能力也可能影响信任的强度，这是在以往的研究中没有涉及的问题。第三，我们的研究以销售人员为对象，研究结果不仅适用于销售人员，对其他类型组织员工的管理可能同样有指导意义和借鉴作用，这有待进一步发现和研究。

6 结果控制、心理契约兑现与销售人员合作行为

6.1 问题的提出

从Anderson和Oliver（1987）以及Jawosrski（1988）提出销售人员管理控制（sales force management control）以来，管理控制的影响效应和机制一直是研究的热点话题（Rodrigues，Coelho & Sousa，2015；Wang，Dou & Zhou，2012）。在销售人员管理控制系统中，受到较多研究者关注的是结果控制（outcome control）。这种控制策略以销售人员的业绩（如销售额、销售利润等）作为主要的评估标准，根据销售人员达到的业绩水平给予物质奖赏激励（Rijsdijk & Ende, 2011）。由于这种控制策略强调根据业绩水平动态调整激励力度，能够引导销售人员主动对销售业绩负责，因此在销售管理实践中得到广泛运用。

然而，在结果控制影响效应的研究中，有三个理论问题尚待解决。首先，过去的研究强调结果控制导致销售人员结果导向行为，激发员工更多地关注能马上带来绩效提高的短期目标（Anderson & Oliver,

1987）。由于实行结果控制的管理者较少关注销售过程，因此结果控制不能促进缺乏量化评估指标的行为绩效（behavior performance）（Jaworski，1988）。然而，根据领导的目标-路径理论，设定目标并提供奖赏的过程是一个价值观整合过程，员工目标与组织、团队目标在这一过程中逐渐趋同（House，1996）。本章选择销售人员合作行为这一行为绩效变量作为结果变量。这一变量主要测量销售人员与其他部门的同事一同解决销售问题，为公司改进销售绩效共同出谋划策的行为频率（Piercy，Cravens & Lane，2009）。通过验证结果控制对销售人员合作行为的影响机制，本章突破了过去对结果控制影响效应认识的局限。

其次，过去的研究主要以目标导向理论探讨结果控制通过激发销售人员的目标导向观念来影响绩效。比如，Kohli 等（2010）的研究发现，结果控制通过学习导向和绩效导向的中介作用影响绩效。也有研究表明结果控制只能影响绩效导向而对销售人员的学习导向发挥不了作用（Rodrigues et al.，2015）。本章将从领导的目标-路径理论这一崭新的视角来探讨结果控制对绩效的影响机制。按照这一理论，领导必须提供清晰的目标、界定目标与奖赏之间的关系，才能兑现员工的期望，从而激发其获取高绩效的动机（House，1996）。以这一理论为基础解释结果控制对绩效影响的路径，有助于拓展学术界的认识。

最后，不少研究表明结果控制对员工态度和行为影响存在"双刃剑效应"。前已述及，结果控制由于能够激发员工对奖赏追求的积极性而提升了绩效，但是，结果控制容易导致员工关心短期目标而忽略长期目标。比如，有研究表明结果控制不利于新产品销售而伤害了长远绩效（Ahearne et al., 2010）。这些研究大都从产品性质、公司政策等方面来探讨结果控制与绩效之间关系的边界条件，而领导的目标-路径理论指出，领导应该根据员工的特征调整管理方式（House，1996）。这就启发人们要考虑员工的特征，如员工的文化价值观对结果控制与员工认知及行为关系的影响。为了综合考察上述因素的影响，本章构建了一个被调节的中介作用模型，探讨结果控制对销售人员合作行为的影响机制以及影响效应的边界条件。

6.2 文献回归与理论假设

6.2.1 结果控制与销售人员合作行为

销售主管对下属的结果控制较强时，意味着销售主管不仅为下属设立更为清晰的绩效标准，还有效地说明了绩效水平与相应的物质奖励之间的清晰关系（Evans et al.，2007）。较多运用结果控制的主管为下属设立了具体、量化的销售额、销售利润、市场份额等业绩目标，也会较多地反馈业绩目标完成程度的信息（Kohli，Shervani & Challagalla，2010）。他们主要使用动态、与绩效挂钩的奖励方式来激发销售人员的积极性（Oliver & Anderson，1994）。

根据领导的目标-路径理论（House & Mitchell，1974），领导激发下属动机的效率取决于领导行为和策略在多大程度上满足以下条件：首先，领导可以有效地说明员工若达到目标的要求，其个人的需要就可得到满足；其次，领导为员工提供必要的反馈和奖赏，以完善员工的激励环境。销售主管实施结果控制的时候，不仅要提出业绩目标，并且要有效地说明完成目标以后所能得到的工资、奖金、销售提成以及晋升等奖赏。这种控制方式使销售人员能了解达成绩效目标与个人物质、成长需要满足之间的关系（Challagalla & Shervani，1996）。由于销售人员能及时得到绩效目标完成情况的反馈，有奖赏的正向激励作用，因此他们愿意将注意力集中在领导提出的目标上（Miao，Evans & Zou, 2007）。领导所提出的目标，尤其是销售目标往往是组织销售目标的分解部分，因此聚焦在个人的销售目标上也是一个将个人目标与组织目标整合起来的途径。通过这一方法，销售人员会重视组织整体的效益，把个人价值观与组织整体价值观联系起来，愿意从其他部门的角度考虑问题。此外，由于不少销售任务的完成需要依赖其他部门的支持和协作，比如顾客所下的订单可能要求生产时进行产品外形或者功能的调整，需要销售人员与生产部门人员合作，因此，销售人员在目标诱导下愿意更多地与公司其他部门的同事合作，以便完成销售目标。由此得到以下假设：

假设1：领导的结果控制较强时，销售人员的销售合作行为越频繁。

6.2.2 心理契约兑现的中介作用

心理契约是员工对组织所承诺的互惠责任的主观认知，它往往是内隐的而未能在雇佣合同中注明。这些互惠责任包括丰富的工作内容、公平的报酬、充足的成长机会、有前景的晋升空间以及支持性的工作环境等（Robinson et al.，1994）。“心理契约兑现”这个概念所代表的是员工感觉到组织兑现对自己承诺的总体程度（Henderson et al.，2008）。员工的心理契约兑现程度越高，他们感知到的自己的付出与组织兑现承诺之间的匹配度越强。

当销售主管对下属的结果控制较强时，他们把组织分配给每个销售人员的销售业绩要求清晰地告诉下属，一旦下属达到绩效要求，销售主管就会按照之前的“绩效-奖赏”关系界定给予物质奖励和晋升安排，以此来激发下属完成销售任务。这样就兑现了组织给员工奖励的承诺，实现了员工付出努力就能得到回报的期望。因此，领导的结果控制越强，员工的心理契约兑现感知程度越高。根据领导的目标-路径理论，领导如果能够实现员工的期望，则员工的工作效能就会被激发出来（House & Mitchell，1974）。若领导的结果控制导致员工的心理契约兑现感知程度提高，员工会感觉到进入组织的期望得到了满足，他们愿意为此回报组织，为组织的成功做出自己的贡献（Henderson et al.，2008）。由此，他们将组织整体利益的实现与自我利益的实现结合起来，认为帮助其他部门的同事、与其他部门的同事协作完成销售任务是他们的责任。这种领导对销售人员个人化的结果控制，导致了员工对组织满足自己要求和期望的认知，并进一步促使他们参与销售合作行为。根据领导的目标-路径理论，员工的期望满足是领导行为与员工工作效能之间的中介机制。由此得到以下假设：

假设2：心理契约兑现在领导的结果控制与销售人员的销售合作行为的关系之间发挥中介作用。

6.2.3 中国人传统性的调节作用

根据领导的目标-路径理论，领导所采取的管理方式在员工的目标设置过程中发挥效能的程度还取决于员工的价值观、个性等内在特征的影响（House & Mitchell，1974），由此本章将员工的文化价值观——中国人传统性（下文简称“传统性”）作为员工特征的一个方面纳入研究框架。传统性指的是个体对于习俗、规范、文化传统的接受以及尊重程度（Schwartz，1992）。传统性包含遵从权威、孝亲敬祖、安分守成、宿命自保以及男性优势五个方面，Farh等学者将其引入组织研究领域并主要聚焦在遵从权威这一维度上（Farh et al.，1997）。高传统性个体更愿意遵从上司的指引，他们对权威要求的接受程度比较高。无论上司施加的是较强的结果控制还是较弱的结果控制，他们都认为下属就应当努力遵循组织规范，为组织创造业绩。如果上司未能完全按照绩效指标奖赏他们，他们也仍然接受组织所给予的待遇，不会产生期望被破坏的负面想法。然而，对于低传统性个体而言，他们并不接受上尊下卑观念，他们认为提出了高要求就应当给予高回报。如果上司对低传统性下属布置了任务并且按照任务的完成情况来公平地奖赏，他们会认为组织兑现了承诺；相反，如果没有标准，或者不按照标准来奖赏，低传统性员工就会认为自己的期望被权威破坏了。由此得到以下假设：

假设3：中国人传统性调节了结果控制与心理契约兑现之间的正向关系；员工的传统性越高，则结果控制与心理契约兑现之间的关系越弱，反之则越强。

6.2.4 中国人传统性对心理契约兑现中介作用的调节效应

以上假设综合起来，就形成一个完整的研究框架：心理契约兑现在结果控制与销售人员的销售合作行为的正向关系中发挥中介作用，而中国人传统性则在结果控制与心理契约兑现的正向关系中发挥调节作用。根据被调节的中介原理（Edwards & Lambert，2007），按照上述研究思路，可以推导出，中国人传统性也调节了心理契约兑现在结果控制与销售人员的销售合作行为之间的中介作用的强弱。具体来说，员工的中国人传统性越高，结果控制与心理契约兑现之间的正向关系越弱，因而结果控制经由心理契约兑现作用在销售合作行为上的间接效应也越弱。换句话说，在上司实施更强的结果控制时，中国人传统性低的员工会有更强的心理契约兑现感知，由此引发更频繁的销售合作行为。由此得到以下假设：

假设4：中国人传统性调节了心理契约兑现在结果控制与销售合作行为之间的中介作用的强弱。具体而言，员工的传统性较低时，心理契约兑现在结果控制与销售合作行为之间发挥较强的中介作用，反之则中介作用较弱。

6.3 研究方法

6.3.1 调研程序

由于销售人员往往分布在不同的销售区域，因而本问卷调查的一部分由研究者在公司销售主管、总经理或者人力资源管理人员的协助下，到公司现场（如连锁门店、销售人员大会等场合）派发和回收，另一部分以网络问卷的形式由研究者发送问卷网络地址给销售总监（主管），再由他们发送给该公司的销售人员（调研对象）。调研企业总部在广东省内，参与调研的销售人员所属分支机构则分布在广东、安徽、福建等地。参与调研的企业一共有16家，分布在家具、家电、金融、电子、软件服务、化工等多个行业。研究者分别向销售人员发放包含结果控制、心理契约兑现、销售合作行为、传统性以及控制变量的问卷，待销售人员填写完成后，研究者当场回收问卷带走。对于网络问卷，则通过问卷发布网站回收收据。在整个过程中，研究者向被调研者说明所有的调研以匿名形式进行，向参与调研的销售人员做出保密保证。

研究者在现场共发出250份问卷，回收的问卷为225份，回收率为90%。剔除了缺失较多的问卷以后，得到的有效问卷为213份，最终的回收率为85.2%。网络调研发出问卷80份，回收问卷71份。由于网络调研中愿意填写的人员必须完整填写所有题项才能提交问卷，因此不存在提交问卷有缺失数据的问题，问卷的回收率为88.8%。两种途径所得的问卷总体回收率为86.1%。在样本的结构方面，女性员工的比例（43.3%）低于男性的比例。销售人员年龄趋于年轻化，21~25岁的员工比例达到35.6%，26~30岁的员工比例为23.6%，31~35岁的员工比例为22.9%。在教育程度方面，学历层次多集中在高中到本科，其中高中学历占26.4%，大学专科学历占44%，大学本科学历占26.1%。在公司工作时间方面，不满1年的占26.8%，1~3年的占31%，5~10年的占20.8%。与领导的共事时间方面，不满1年的占38.7%，1~3年的占37.4%，3~5年（11.6%）的比例较高。职位层次方面，大多是基层销售人员，其中基层销售人员占55.6%，中层销售人员占26.5%。

6.3.2 测量量表

（1）结果控制

该量表来自Evans等人（2007）开发的5条目结果控制问卷。举例条目为“我的上司会为我的销售工作设立量化业绩目标”“若我的量化销售业绩超过了我上司给我设定的目标，他会使我得到更多报酬”。量表的信度系数为0.79。

（2）中国人传统性

该量表来自Farh等人（1997）开发的5条目量表。举例条目为“要避免发生错误，最好的办法是听从长者的话”。量表的信度系数为0.78。

（3）心理契约兑现

该问卷来自Henderson等（2008）开发的4条目问卷。举例条目为“我的公司对我始终信守诺言”。量表的信度系数为0.95。

（4）销售人员的销售合作行为

销售业绩采用的量表来自Piercy等人（2009）开发的3题项量表。其中的条目包括“我和公司其他同事一起紧密配合，处理售后问题以及提供服务”。量表的信度系数为0.80。

上述变量的测量采用从“非常不同意”到“非常同意”的里克特七分量表。控制变量包括年龄、性别、教育水平、在公司的工作年限、与上司共事的年限以及职位层次。

6.4 研究结果

6.4.1 同源方差的检验与区分效度

由于本章模型中的所有变量都通过一份问卷来收集数据，同一份问卷的所有项目都由同一位员工填写，这可能会导致数据的同源方差问题。为了检验同源方差的程度，本章使用哈曼单因素检测方法，利用SPSS 18软件进行分析。我们将变量的所有条目做因子分析，在未进行旋转的情况下，得到的第一个主成分占载荷量的33%，这种并不占多数的情况说明，同源方差并不严重，可以进行下一步统计分析。

本章对所涉及的四个变量进行了验证性因子分析。潜变量的显示条目过多可能会导致结构方程不能识别，为了避免这个问题，本章首先做了探索性因子分析，根据其结果对结果控制、心理契约兑现、销售合作行为、中国人传统性的显示条目作打包处理。从表6-1的分析结果不难看出，基本模型1比其他因子合并后的嵌套模型拟合效果更理想。因此，我们可以得到上述四个变量间区分性明显的判断。

表6-1 **概念区分性的验证性因子分析结果**

模型	所含因子	χ^2	df	χ^2 df	RMSEA	GFI	CFI	NNFI
基本模型1	4因子模型：OC，PCF，CCV，TC	59.85	38	1.58	0045	0.96	0.99	0.98
模型2	3因子模型：OC+PCF，CCV，TC	186.64	41	4.55	0.146	0.84	0.88	0.84
模型3	3因子模型：OC，TC+PCF，CCV	365.28	41	8.91	0.167	0.81	0.84	0.79
模型4	2因子模型：OC+PCF，CCV+TC	600.86	43	13.97	0.214	0.72	0.73	0.65
模型5	单因子模型：OC+PCF+CCV+TC	824.72	44	18.74	0.250	0.65	0.63	0.53

注：OC表示结果控制，PCF表示心理契约兑现，TC表示销售合作行为，CCV表示中国人传统性；表格中的“+”表示两个因子合并为一个因子；n=284。

6.4.2 变量的相关系数、标准差

从表6-2可以看到本章所涉及的10个变量的均值、标准差、相关系数以及信度系数。结果控制和心理契约兑现（r=0.44，p≤0.01）、销售合作行为（r=0.36，p≤0.01）显著正相关，心理契约兑现与销售合作行为（r=0.30，p≤0.01）显著正相关。

表6-2　变量的均值、标准差、相关系数以及信度系数

	均值	标准差	1	2	3	4	5	6	7	8	9	10
1.年龄	3.27	1.27										
2.性别	0.56	0.50	0.33**									
3.学历	3.01	0.82	0.09	0.16**								
4.工作年限	2.44	1.22	0.54**	0.27**	0.05							
5.与领导共事年限	1.97	1.03	0.43**	0.20**	−0.03	0.67**						
6.职位级别	1.63	0.80	0.59**	0.37**	0.10	0.54**	0.43**					
7.结果控制	5.86	0.99	−0.09	−0.02	−0.08	−0.10	−0.05	−0.19**	(0.75)			
8.心理契约兑现	5.21	1.54	−0.28**	−0.21**	−0.16**	−0.30**	−0.25**	−0.37**	0.44**	(0.95)		
9.中国人传统性	4.41	1.24	−0.01	−0.03	−0.07	0.03	0.05	−0.08	0.25**	0.33**	(0.78)	
10.销售合作行为	5.97	0.96	0.10	0.07	0.10	0.04	−0.04	0.03	0.36**	0.30**	0.16**	(0.80)

注：n=284；*p ≤0.05；**p ≤0.01；括号内数值是量表的内部一致性信度。

6.4.3 回归分析

我们使用层次回归方法来检验本章的假设1、假设2和假设3。其中，假设1提到的结果控制与销售合作行为之间呈正相关关系得到了支持（β=0.38，p≤0.01，见表6-4的模型3）。假设2提到的心理契约兑现在结果控制与销售合作行为之间发挥中介作用得到了支持，具体来说，当心理契约兑现进入方程以后，结果控制与销售合作行为之间的相关性减弱（从原来的β=0.38，p≤0.01变为β=0.28，p≤0.01，见表6-4的模型3和模型4），心理契约兑现的回归系数显著（β=0.17，p≤0.01，见表

6-4的模型4)，发挥了部分中介作用。假设3提到中国人传统性调节了结果控制与心理契约兑现之间的正向关系，这一假设得到了支持(结果控制与中国人传统性的交互项在回归方程中的系数是显著的($\beta=-0.17$，$p\leqslant0.05$，见表6-3的模型4))。为了更直观地看到这种调节效应，我们使用X-plot方法绘制了调节效应图，如图6-1所示。

表6-3 **结果控制、中国人传统性及两者交互项对心理契约兑现的回归结果**

变量	心理契约兑现			
	模型1	模型2	模型3	模型4
<u>*控制变量*</u>				
年龄	-0.4	-0.05	-0.06	-0.07
性别	-0.15	-0.24	-0.23	-0.23
学历	-0.23*	-0.18	-0.16	-0.16
公司工作年限	-0.11	-0.08	-0.10	-0.10
与领导共事年限	-0.12	-0.14	-0.16	-0.19
职位层次	-0.46**	-0.30*	-0.25*	-0.19
<u>*自变量*</u>				
结果控制		0.61**	0.52**	0.46**
<u>*调节变量*</u>				
中国人传统性			0.30**	0.31**
<u>*交互项*</u>				
行为控制×结果控制				-0.17*
调整的R^2	0.41	0.56	0.61	0.62
ΔR^2	0.17	0.15	0.05	0.01
模型F值	9.41**	18.16**	20.01**	18.86**
ΔF	9.41	58.83**	22.90**	6.42

注：n=284；*p ≤ 0.05；**p ≤ 0.01。

表 6-4　　**自变量对销售合作行为的回归结果**

变量	销售合作行为						
	模型 1	模型 2	模型 3	模型 4	模型 5	模型 6	模型 7
控制变量							
年龄	0.9	0.10	0.08	0.09	0.08	0.08	0.09
性别	0.9	0.13	0.04	0.07	0.04	0.04	0.08
学历	0.9	0.15^{*}	0.12	0.15^{*}	0.13	0.13	0.15^{*}
公司工作年限	0.5	0.08	0.07	0.08	0.06	0.06	0.08
与领导共事年限	−0.11	−0.09	−0.13	−0.11	−0.13	−0.14	−0.11
职位层次	−0.07	0.05	0.04	0.09	0.05	0.05	0.09
自变量							
结果控制			0.38^{**}	0.28^{**}	0.36^{**}	0.35^{**}	0.28^{**}
调节变量							
中国人传统性					0.07	0.07	0.02
交互项							
结果控制×传统性						−0.02	0.01
中介变量							
心理契约兑现		0.25^{**}		0.17^{**}			0.17^{**}
调整的 R^2	0.01	0.14	0.15	0.20	0.16	0.15	0.19
ΔR^2	0.03	0.13	0.17	0.05	0.18	0.00	0.04
模型 F 值	1.34	7.41^{**}	8.15^{**}	9.74^{**}	7.47^{**}	6.63^{**}	7.78^{**}
ΔF	1.34	42.65^{**}	8.15^{**}	17.49^{**}	7.47^{**}	0.10	15.02^{**}

注：n=284；$^{*}p \leqslant 0.05$；$^{**}p \leqslant 0.01$。

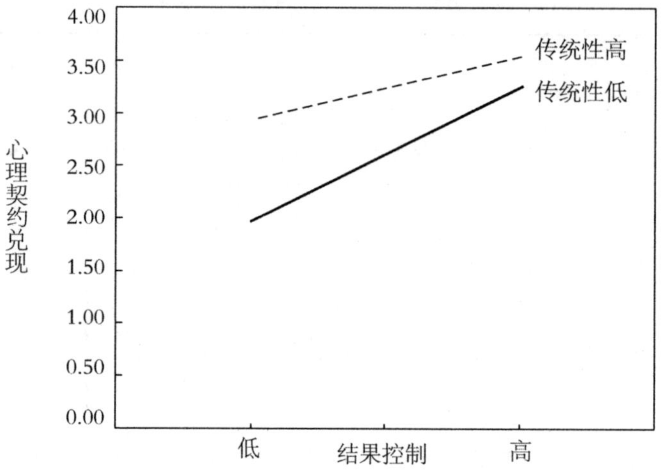

图 6-1 中国人传统性的调节效应图

我们使用调节路径分析方法来检验假设 4 所提出的被调节的中介效应（Edwards & Lambert，2007）。如我们在表 6-5 所总结的那样，被调节的结果控制对销售合作行为的间接效应的差异是 0.06（$p \leq 0.01$），并且在 95%的置信区间内 Bootstrap 的估计参数不包含零，这表示在中国人传统性低的情况下间接效应显著地更强。假设 5 得到了支持。

表 6-5 **被调节的中介效应分析**

调节变量（中国人传统性）	第一阶段 P_{MX}	第二阶段 P_{YM}	直接效应 P_{YX}	间接效应 $P_{YM}P_{MX}$	总效应 $P_{YX}+P_{YM}P_{MX}$
低	0.47**	0.16**	0.27**	0.11**	0.38*
高	0.29**	0.16**	0.27**	0.05*	0.32**
差异	0.18*	0	0	0.06**	0.06**

注：n=284；*表示在 90%的置信区间内是显著的；**表示在 95%的置信区间内是显著的。

6.5 结论与讨论

6.5.1 研究结论

本章的实证研究结果表明，首先，领导的结果控制较强时，销售人员的销售合作行为较频繁；其次，心理契约兑现在领导的结果控制与销售人员的销售合作行为的关系中发挥部分中介作用；最后，中国人传统性调节了心理契约兑现的中介作用的强弱，具体而言，员工的传统性较低时，心理契约兑现在结果控制与销售合作行为之间发挥较强的中介作用，反之则中介作用较弱。

6.5.2 理论意义

首先，本章的理论意义在于我们把模型建立在领导的目标-路径理论基础上，揭示了上司通过结果控制来激发员工的销售合作行为的作用机制。这一视角区别于以往的角色扮演和工作动机视角，拓展了我们对上述管理现象的认识。其次，我们论证了在销售人员管理领域，需要重视心理契约兑现的作用。上司对下属的目标设置和激励过程影响了上司代表组织来兑现承诺的过程，从而激发了员工的积极行动，这是一个从个体活动泛化为组织与个体互动的过程。透视这一过程让我们对领导、下属与组织三者的关系有了更深入的认识。最后，我们探讨了文化个体价值观——中国人传统性的调节作用，这为中国情境下的销售人员管理研究做出了新的贡献。

6.5.3 实践意义

本章不仅提醒销售管理人员要为下属设置清晰的、量化的绩效目标，还要按照绩效目标来给予下属外部奖赏。同时，上司应当管理下属的期望，满足下属在组织中得到物质和精神奖赏的内隐要求。不仅如此，销售管理人员还要识别员工的传统价值观，对低传统性员工给予更及时和更有效的奖赏并进行目标调整，因为他们对心理契约兑现的满足程度更敏感。而高传统性员工更愿意遵从上司的要求，可以让他们承担更重要的销售责任。

6.5.4 研究的局限性与未来展望

本章的局限性包括以下几个方面：首先，本章的数据仍然属于横截面数据。未来还需要在不同的时点上对前因、中介和结果变量进行测量，通过纵向研究进一步验证预测变量与结果变量之间的因果联系。其次，本章所有变量的数据都来自销售人员，因此可能存在同源偏差的问题。虽然我们的研究采取了把研究变量的条目分散在不同的问卷页面等措施来减少同源偏差的影响，但是未来仍然可以通过邀请上司或者同事评价员工的销售合作行为，并且请下属评价上司控制手段的配对样本调研减少这一偏差的影响。最后，结果控制可能通过员工的内部动机、组织自尊等因素的中介作用影响销售合作行为，销售人员的大五人格、销售的产品和服务的特性等都可能影响正式控制与绩效之间的关系，这些有趣的理论问题都值得进一步探索。

7 上下级关系对销售人员学习导向及顾客导向的影响机制

7.1 问题的提出

7.1.1 问题产生的背景

当今营销环境的深刻变化使得销售人员面临以下挑战：一方面，顾客需求的多样化和变动性使得销售人员必须深入地了解、识别和捕捉顾客的需求；另一方面，互联网等新的沟通交流技术的出现使得销售人员需要不断学习新方法、新手段，以便与客户有效沟通。不少销售人员需要应用社会化媒体等新的销售方式进行关系式销售活动。销售人员也承担着在前台为企业搜集个性化的客户数据和偏好信息的责任，以便将数据提供给后台进行数据挖掘和分析。销售人员的学习导向（learning orientation）和顾客导向（customer orientation）对于企业营销活动的意义越发重要。Kohli等（1998）指出，销售人员的学习导向是指他们所具备的改进销售技巧和提高销售能力的愿望，具有学习导向的销售人员会将销售活动作为提升自己水平的机会（Kohlia, Shervani & Challagalla, 1998）。而Brown等（2002）将顾客导向定义为员工在工作情境中满足顾客需求的倾向性或素质（Brown, Mowen & Donavan, 2002）。

过去虽然有不少研究探索了销售人员学习导向和顾客导向的影响因素，但是对于影响因素和上述两种价值观之间作用机制的解释有待进一步拓展。另外，学习导向和顾客导向的影响因素研究大都是在西方组织情境中展开的，对中国组织情境中影响因素的探讨仍然需要拓展。基于此，本章以信任理论为基础，探讨具有中国情境含义的变量——上下级关系对销售人员的学习导向和顾客导向的影响机制，为这一领域的研究提供新的视角。本章期望对大数据背景下的销售人员管理方式提出有启发意义的建议。

7.1.2 学习导向的前因研究与研究机会

学习导向能够激发销售人员在快速变化的销售环境中尽快适应各项销售工作的要求，是企业核心竞争优势的来源（Kohlia, Shervani & Challagalla, 1998）。尽管学习导向是个体的一种相对稳定的倾向，但不少销售人员管理研究表明，学习导向也受环境因素的影响（Ames & Arche, 1988），其中一个重要的环境因素来自销售人员的直接上司。比如，上司的正向或负向反馈能够激发销售人员的学习导向（VanWalle et al., 1999）。此外，销售主管的结果导向、过程导向和能力导向控制手段都与销售人员的学习导向存在显著的关系（Kohli et al., 1998）。可见，销售人员的学习导向受到销售主管影响的观点已经引起了学术界足够的重视。然而，也有研究指出，在一个较长的时期内如何保持销售人员的学习热情不衰减是一个仍待探索的话题（Silver et al., 2006）。

7.1.3 顾客导向的前因研究与研究机会

销售人员的顾客导向研究源于公司层面的市场导向研究（market orientation），Saxe和Weitz（1982）最早把顾客导向定义为“销售人员帮助顾客做出满足其需要的决策的行为”。他们将销售行为区分为销售导向行为和顾客导向行为（Saxe & Weitz，1982）。Brown等（2002）将顾客导向定义为“员工在工作情境中满足顾客需求的倾向性”（Brown，Mowen & Donavan，2002）。Zablah等（2012）指出，Saxe和Weitz（1982）的研究将顾客导向视为销售人员的一系列行为，而Browan等（2002）的研究则将顾客导向视为可以由组织和领导塑造的价值观（Zablah，Franke & Brown，2012）。过去的研究认为公司的顾客导向文化、营销部与销售部的良好互动等公司层面的因素能够强化销售人员的顾客导向（Guenzi et al.，2011），国内也有研究表明，情绪劳动、心理授权等与服务人员的顾客导向之间存在显著的关系（于伟、张彦，2010），然而，对上司在顾客导向形成过程中发挥作用的研究还不够深入。

7.2 理论与假设

7.2.1 上下级关系与销售人员的学习导向及顾客导向

（1）上下级关系与销售人员的学习导向

上下级关系（supervisor-subordinate guanxi）指的是存在于下属与其直接上司之间的社会互动质量（Law et al.，2000）。Law等（2000）指出，与西方情境中衡量上下级关系质量的领导-部属交换（leader-member exchange）不同，中国情境中的上下级关系包含更多工作以外的互动。当关系质量更高时，下级更多地被邀请出席上司在下班后举行的聚会，彼此之间会有更多馈赠的行为。上下级关系质量越高，上司为下属提供的晋升、培训机会越多（Farh et al.，1998）。华人本土心理研究进一步表明，领导以关系亲疏为标准对待下属，会为关系亲近的下属提供更多的职业生涯发展机会，给予用心的栽培（徐玮伶，2004）。由此可见，关系质量高的上下级之间有较为稳固的师徒关系，作为导师的上司能够让销售人员看到自己的发展方向、能力缺陷和提升方法。与上司关系质量越高，下属对如何更好地与顾客互动的销售知识和技巧的学习欲望越强（Hennig-Thurau & Thurau，2004）。由此得到以下假设：

假设1：上下级关系质量越高，则销售人员的学习导向越强。

（2）上下级关系与销售人员的顾客导向

在如何塑造销售人员的顾客导向上，上司扮演着重要的角色。以销售导向完成销售活动，意味着销售人员主动识别顾客的不同需要，据此调整销售方法，可能还要向公司申请资源来满足客户的需要。因而，这一过程往往需要经验和智慧才能完成（Franke & Park，2006）。上司如能传授自己的经验，提供实际的资源和政策帮助下属适应客户要求，则能促进销售人员顾客导向的形成。在华人组织情境中，与下属关系质量较高的上司会为下属提供偏私性的资源，如给予下属更为宽松的预算和更多的人力资源配备等（郑伯埙，2005）。由此，下属更有可能实现按照顾客需求进行调整的销售方案，从而有利于顾客导向的形成。由此得到以下假设：

假设2：上下级关系质量越高，则销售人员的顾客导向越强。

7.2.2 上下级关系与销售人员信任

信任指的是一方愿意接受另一方可能带来伤害的心理接受程度，这是对另一方善意动机的感知（Rousseau et al.，1998）。换句话说，信任表示一方对另一方的动机和行为有更为积极正面的预期。华人组织情境中的人际关系呈现出差序格局，领导的“自己人”与领导之间表现出较强的信任，而外人与领导之间则抱有怀疑态度（Yang，1995）。由于领导给予关系亲密的下属更多的奖赏、更频繁的沟通，因此“自己人”下属对领导的善意动机有更强的信心。“自己人”下属更愿意相信领导对自己的指导与工作安排是出于对自己长远利益的考虑，因此更为信任领导。过去的研究也表明，组织成员与其主管之间的关系质量越高，则彼此之间的信任程度越高（Lin，2002）。由此得到以下假设：

假设3：上下级关系质量越高，则销售人员对上司的信任越强。

7.2.3 销售人员信任的中介作用

信任在领导效能的发挥中发挥着重要作用，这一观点得到了较多研究者的认同（Driks & Ferrin，2002）。信任对与上司具有高质量关系的销售人员两种导向价值观的形成具有以下作用：首先，无论是学习导向还是顾客导向，都意味着销售人员要付出额外的时间、心思和精力。因为学习任何新的知识和技能，或者按照消费者的需要调整自己的销售方案和方式，都对销售人员提出了更高的要求。在这个学习的过程中，销售人员可能面临新技能习得失败，耗费了精力却没有学习效果的情况。而按照消费者的需要调整销售方案和方式也往往需要争取公司额外资源的支持或者应用新的销售技巧。这一过程仍然充满风险，可能会影响短期的销售业绩。与下属有较高关系质量的销售主管更宽容下属犯错，愿意给予更多的过程辅导以及资源支持（郑伯埙，1995），下属因此更信任上司。他们能够预期，如果学习遇到困难，或按顾客意愿更改销售策略的过程遭遇挫折，上司仍然愿意继续支持自己。即使上司因此惩罚自己，下属也因信任而将这种管教归因为上司良善的考虑，而愿意继续尝试去学习和按顾客的需要对销售策略进行调整。

其次，信任强化了长远互惠的预期（Konovsky & Pugh，1994）。高质量的上下级关系已经超出了简单的经济交换关系，而是包含了工作外频繁的情感互动和相互馈赠（Law et al.，2000）。高质量的上下级关系让下属更为信任上司，相信上司在未来会继续考虑自己的福利，对此有更强的预期。因此，下属通过更高的业绩水平和更多的工作投入来回报上司。学习新的技能和适应顾客新的变化从长远而言有利于销售人员适应未来的销售工作要求，而最近的研究也证明，顾客导向强的销售人员能够识别公司未能满足的需求，并对上司和公司提出产品或服务改进的建议（Blocker et al.，2011）。信任成为销售人员内在的激励机制。当上下级关系促进这种信任感的形成时，就会激发销售人员形成更为稳定的学习导向和顾客导向。由此得到以下假设：

假设4：销售人员对上司的信任在上下级关系质量与销售人员的学习导向关系之间发挥中介作用。

假设5：销售人员对上司的信任在上下级关系质量与销售人员的顾客导向关系之间发挥中介作用。

7.3 研究方法

7.3.1 调研程序

本章的问卷调查是在广东一家大型涂料企业中开展数据收集工作的。在广州和西安两地的企业销售人员会议期间，借助企业高管以及人力资源管理部门的协助，研究者分别向销售人员发放包含上下级关系、信任、学习导向、顾客导向以及控制变量的问卷，待销售人员填写完成后，研究者当场回收问卷带走。在整个过程中，研究者向被调研者说明所有的调研以匿名形式进行，向参与调研的销售人员做出保密保证。

研究者共发出140份问卷，回收的问卷为138份，回收率为96%。剔除了缺失较多的问卷以后，得到的有效问卷为135份，最终的回收率为96%。在样本的结构方面，销售人员在21~25岁的占11.1%，26~30岁的占35.6%，31~35岁的占40.7%，35岁以上的占23.7%。员工中男性比例为21.5%；员工学历结构情况，初中及以下占1.5%，高中层次（包含中专、职高、技校、普高）占40.5%，大学专科占40%，本科及以上占18.5%。在公司的工作时间方面，1年及以下的占11.9%，1~3年的占37%，3~5年的占39.3%，5~10年的占21.5%。就从事销售工作年限来看，1年及以下的占7.4%，1~3年的占14.8%，3~5年的占22.2%，5~10年的占46.7%。

7.3.2 测量工具

（1）上下级关系

我们使用来自Law等（2000）的6条目上下级关系量表（Law et al.，2000）。举例条目为“在特殊的日子，例如我上司的生日，我一定会去拜访他（她）并送礼物给他（她）”“在假日或者业余时间，我会打电话给我的上司或者去拜访他（她）”。量表的信度系数为0.73。

（2）信任

我们使用McAllister（1995）开发的下属信任量表，共有5个条目

(Mcallister, 1995)。举例条目为“我可以没有顾虑地与上司谈论我在工作中遇到的困难，同时我知道他（她）也乐意听”“如果我将自己的困难与上司分享，我知道他（她）会做出有建设性的和关怀的回应”。量表的信度系数为0.80。

（3）学习导向

我们使用来自Kohli等（1998）的6条目问卷（Kohli & Shervani, 1998)。举例条目为“我在学习与销售有关的新东西上付出了大量的努力”“花大量时间去学习与客户打交道的新方法是值得的”。量表的信度系数为0.84。

（4）顾客导向

我们使用来自Pelham和Kravitz（2008）的5题项量表（Pelham & Kravitz, 2008)。其中的条目包括“我试着弄明白顾客的需求”“我尽力找出对顾客最有用的产品或服务”。量表的信度系数为0.71。

上下级关系、信任、学习导向和顾客导向这几个变量的测量我们采用从“非常不同意”到“非常同意”的里克特五分量表。控制变量包括年龄、性别、教育水平、在公司的工作年限以及从事销售工作时间。

7.4 研究结果

7.4.1 概念区分性的验证性因子分析

本章对个体层次4个变量进行了验证性因子分析。为了避免潜变量的显示条目过多所导致的结构方程不能识别问题，本章依据探索性因子分析的结果对上下级关系、信任、顾客导向和学习导向的显示条目进行打包（parcel）(Mathieu & Farr, 1991)。上下级关系的6个条目、信任的5个条目、学习导向的6个条目以及顾客导向的5个条目分别被打包成3部分。表7-1显示了概念区分性的验证性因子分析结果。从表7-1可以看到，4因子模型比其他嵌套模型的拟合效果都要好。这就表明，本章中的4个变量之间具备良好的区分性。

表 7-1 **概念区分性的验证性因子分析结果**

模型	所含因子	χ^2	df	χ^2/df	RMSEA	GFI	CFI	NNFI
基本模型1	4因子模型：GX，TR，CO，LO	77.56	48	1.62	0.068	0.91	0.95	0.93
模型2	3因子模型：GX+TR，CO，LO	193.21	51	3.79	0.144	0.81	0.81	0.75
模型3	3因子模型：GX，TR，CO+LO	137.11	51	2.69	0.112	0.85	0.87	0.83
模型4	2因子模型：GX+TR，CO+LO	164.30	53	3.10	0.125	0.83	0.82	0.77
模型5	单因子模型：GX+TR+CO+LO	313.16	54	5.80	0.189	0.72	0.63	0.54

注：GX表示上下级关系，TR表示信任，CO表示顾客导向，LO表示学习导向。“+”代表两个因子合并为一个因子。n=135。

7.4.2 各变量之间的相关分析

表7-2给出了本章所涉及的9个变量的均值、标准差、相关系数及信度系数。上下级关系与学习导向（$r=0.28$，$p\leq 0.01$）、顾客导向（$r=0.22$，$p\leq 0.01$）显著正相关，与信任（$r=0.43$，$p\leq 0.01$）显著正相关。信任与学习导向（$r=0.37$，$p\leq 0.01$）显著正相关，与顾客导向（$r=0.38$，$p\leq 0.01$）显著正相关。

7.4.3 假设检验

我们建立了结构方程模型，如图7-1所示。首先，我们检验上下级关系对学习导向和顾客导向的直接作用。上下级关系与学习导向的系数为0.52（$t=4.15$，$p\leq 0.05$），上下级关系与顾客导向的系数为0.44（$t=3.83$，$p\leq 0.05$），模型各拟合指数基本符合要求（$\chi^2=63.67$，$df=25$，$\chi^2/df=2.55$，$p\leq 0.01$，RMSEA=0.09，CFI=0.88，GFI=0.90，NNFI=0.83）。由此假设1和假设2得到了验证。

表 7-2　　　　**变量的均值、标准差、相关系数以及信度系数**

	均值	标准差	1	2	3	4	5	6	7	8	9
1.年龄	31.60	5.00									
2.性别	0.80	0.40	0.22**								
3.学历	2.83	0.73	−0.16	−0.22**							
4.工作时间	4.24	2.75	0.43**	0.11	−0.09						
5.从事销售工作时间	7.00	0.64	0.61**	0.27**	−0.05	0.45**					
6.上下级关系	3.44	0.64	0.04	0.10	0.08	−0.18*	0.06	(0.73)			
7.信任	3.69	0.81	−0.00	−0.14	0.02	−0.01	0.04	0.43**	(0.80)		
8.顾客导向	4.16	0.62	0.05	−0.10	0.24**	−0.01	0.02	0.28**	0.37**	(0.84)	
9.学习导向	4.44	0.52	0.06	−0.01	0.15	−0.00	−0.02	0.22**	0.38**	0.51**	(0.71)

注：n=135；**p≤0.05；**p≤0.01；括号内数值是量表的内部一致性信度。

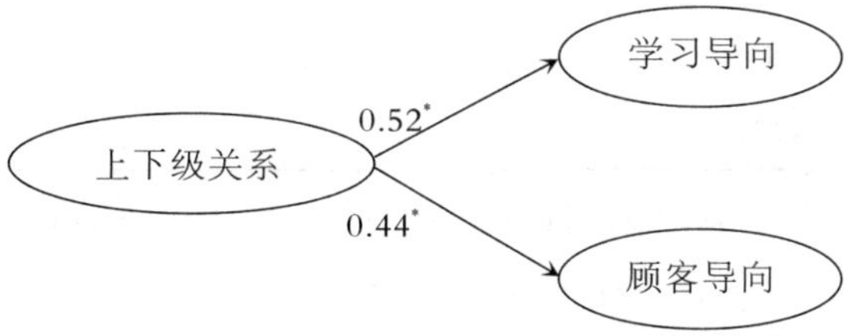

注：n=135；*p≤0.05；**p≤0.01。

图 7-1　上下级关系与学习导向及顾客导向直接效应的结构方程建模结果示意图

其次，我们检验几个关于中介假设的嵌套模型。根据Anderson和Gerbing（1988）介绍的检验嵌套模型的方法（Anderson & Gerbing, 1998），我们对比了四个竞争性模型的结果。从表7-3中可以看出，完全中介模型（模型1）具有较好的拟合系数：χ^2（51，N=135）= 96.97，p≤0.01，χ^2/df=1.90，CFI =0.91，GFI=0.89，NNFI=0.89，RMSEA=0.082，所有路径在p≤0.05的水平上显著。因此，假设2得到了验证。然后，我们检验三个部分中介模型，分别增加了上下级关系到顾客导向再到学习导向，以及同时到两个导向的直接路径。结果发现增加的路径都不显著。从拟合指标看，中介模型的拟合系数更好。在这种情况下，基于简洁性原则，我们选择拟合情况更好的模型1，即信任在上下级关系与顾客导向以及学习导向之间都发挥完全中介作用，本章的假设3、假设4和假设5都得到了支持。变量之间的路径系数如图7-2所示。

表7-3 **结构方程嵌套模型拟合指数表**

模型	所含因子	χ^2	df	χ^2/df	RMSEA	GFI	CFI	NNFI
基本模型1	完全中介模型	96.97	51	1.90	0.082	0.89	0.91	0.89
模型2	部分中介模型：增加GX到CO的路径	95.63	50	1.93	0.083	0.89	0.91	0.88
模型3	部分中介模型：GX到LO的路径	97.05	50	1.94	0.084	0.89	0.91	0.88
模型4	部分中介模型：同时增加GX到CO和LO的路径	95.18	49	1.94	0.084	0.89	0.91	0.88

注：GX表示上下级关系，TR表示信任，CO表示顾客导向，LO表示学习导向。"+"代表两个因子合并为一个因子。n=135。

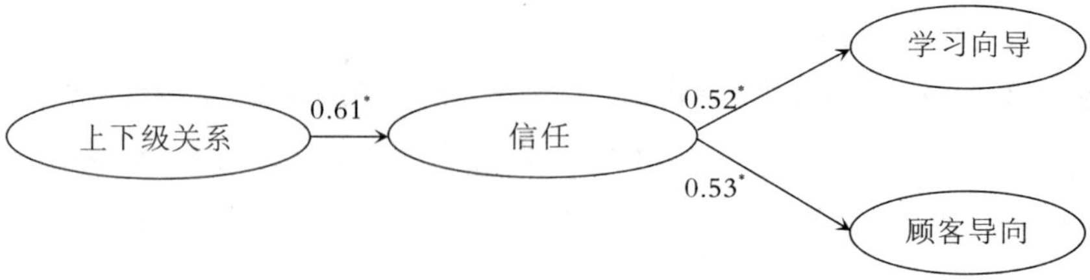

注：n=135；*p≤0.05；**p≤0.01。

图7-2 结构方程建模结果

7.5 结论与讨论

本章的实证研究结果表明，上司实施的正式控制中的结果控制较强时，销售人员的销售业绩较高；行为控制与结果控制的交互效应对销售绩效有交互影响，即上司对销售人员的行为控制较强、结果控制也较强时，销售人员的销售绩效较高；销售人员的顾客导向行为在上司的行为控制与结果控制的交互效应与销售绩效关系间发挥部分中介作用。具体来说，结果控制与行为控制都比较强时，两者通过顾客导向行为中介作用影响销售绩效的效应也较强。

通过对135名销售人员的问卷调研，我们发现，销售主管和销售人员的上下级关系质量越高，销售人员的学习导向和顾客导向越强。销售人员对上司的信任越强，则销售人员的学习导向和顾客导向越强。信任在上下级关系与销售人员的学习导向、上下级关系与销售人员的顾客导向的关系中发挥完全中介作用。本章对销售人员的学习导向和顾客导向形成的前因研究进行了扩展，发现具有中国文化情境内涵的上下级关系对两种价值观的形成具有解释力。本章的另一个理论意义在于厘清了上下级关系对两种导向的作用机制。本章基于信任理论的视角，表明信任能够让销售人员更愿意探索新的销售技巧和方法，也更愿意调整自己的销售方式来满足顾客的需求。尽管这一过程具有风险性，但是由于信任能够将高质量关系长期互惠的期望稳定下来，因此能够更好地塑造销售人员的学习导向和顾客导向。由此，可以得出以下管理建议：

销售管理者需要构建与下属高质量的关系。华人社会是关系导向社会，高质量的关系互动能够成为销售人员工作的动力。与西方的上下级关系相区别，华人的关系互动往往体现在工作以外的场合。销售管理者不但需要在工作领域关心下属，有时还需要通过工余时间的聚会、宴请等活动增进与下属之间的感情。关系的构建能够让下属感觉到自己得到组织以外个人化的照顾，从而更愿意按照领导的要求学习新技能，或者为服务顾客寻找新途径。

销售管理者需要在关系互动中提升下属的信任感。上下级关系的构建不只是基于物质基础的互动，更是一种社会情感之间的良性互惠过程。我们的研究表明，上下级关系质量越高，则销售人员对上司的信任越强。这就意味着更为频繁和积极的工作外互动，可以让下属对上司的意图、行为等产生良性预期，在情感上更愿意依靠上司，进而建立一种长期互惠的关系。信任感的建立也使下属更愿意向领导反馈信息，让领导为指导销售人员开展销售工作提供个性化的指导。

销售管理者需要为下属提供学习的机会和按顾客需要调整销售策略的创新空间。本章的研究结论表明，销售人员对上司的信任在上下级关系与两种导向中起中介作用。这意味着信任在塑造销售人员的价值观上具有关键作用。我们在调研中看到，销售人员往往不是不愿意学习，但是由于学习新方法的过程往往会伴随失误，如果预期与自己关系质量较高的领导只是关注业绩而非自己的能力成长，销售人员可能会放弃学习的尝试。此外，销售人员要形成顾客导向，也需要领导更宽容，使他们能按照顾客的需要调整自己的销售方案和方式，领导还要给予他们额外的指导和资源上的支持。如果没有一种长期互惠的预期，下属可能只是为完成公司的短期业绩而进行销售活动，而非完全按照顾客的需要来进行，最终可能伤害领导所负责部门的长期业绩。由于企业长远的营销竞争力建立在对顾客潜在需求的深刻理解和把握上，所以销售人员承担着为企业探索和捕捉顾客新需求的责任。这就要求销售人员学习社会媒体营销等新的销售方式，搜集客户的相关偏好信息。我们的研究表明，要强化上述竞争优势，领导要通过关系构建并强化销售人员的互惠动机，塑造他们的学习导向和顾客导向价值观。

毋庸讳言，本章还存在一定的局限性。首先，本章的数据仍然属于横截面数据。因此，未来还需要在不同的时点上对不同的变量进行测量，通过纵向研究进一步厘清变量之间的因果联系。其次，所有研究变量的数据都来自销售人员，因此研究可能存在同源偏差问题。虽然我们的研究采取了一些措施减少同源偏差的影响，但是未来仍然可以通过上司和下属配对样本的调研减少这一偏差的影响。最后，上下级关系可能通过内在动机、内部人身份认知等因素影响销售人员的价值观，这都值得进一步探索。

8 销售人员顾客导向对绩效的影响：知识属性的调节作用

8.1 问题的提出

8.1.1 研究意义

（1）理论意义

现有关于顾客导向与绩效之间关系的研究仍然存在很大的分歧，而且随着研究的不断深入，越来越多的学者指出，在研究上述关系的过程中应当充分考虑中介变量、调节变量的作用。为此，本章在回顾国内外现有关于顾客导向与绩效之间关系研究的基础上，从调节变量的角度展开研究。此外，本章将结合现有研究成果，深入到各个变量的维度层面进行分析和探讨。因此，本章是对现有研究的继承和发展，不仅可以丰富现有关于顾客导向与绩效之间关系的认识，而且细化了研究视角。

此外，本章以Verbeke等（2011）的研究为基础，探讨不同属性的知识作为调节变量对销售人员顾客导向与绩效之间关系的影响，丰富了知识经济背景下关于销售人员行为的研究，也深化了对顾客导向与绩效之间关系的认识。

（2）实践意义

知识已经渗透到人们生活的方方面面，产品或服务的技术含量越来越高，顾客也越来越难以掌握这些知识，这就使得顾客与销售人员之间的信息不对称现象越来越严重。根据风险认知理论，消费者在消费时往往期望对相关产品或服务有比较全面的了解，以降低其对不确定性的感知。而降低这种风险感知的一个办法就是让销售人员扮演知识中介的角色，将相关知识传递给顾客，在增强顾客对销售人员信任的同时促使顾客做出购买决策。此外，产品和服务的定制化、个性化是未来发展的趋势，如何正确地识别顾客的需要并为其需要提供个性化的解决方案是目前企业管理人员及销售人员所面临的一个重要问题。知识管理理论认为，知识分为很多种，那么不同属性的知识对销售人员的绩效起什么作用？销售过程中哪种类型的知识更加重要？如何对不同属性的知识加以利用从而提升销售人员的绩效？所有这些都是知识经济背景下企业界和学术界必须回答的现实问题。

综上所述，本章围绕销售人员顾客导向与销售人员绩效关系中知识属性的调节作用而展开，本章的研究成果可以为企业管理者在销售人员管理、销售方法选择方面提供参考和借鉴。

8.1.2 研究的创新点

通过对销售人员控制的现实、理论背景进行回顾，本章提出了一些该领域研究需要完善的关键点。通过对国内外相关文献进行综述，我们在销售人员控制的中介机制方面，尝试引入销售人员动机这一重要中介变量，找出其对于销售人员控制的不同作用机制，进一步探讨销售人员动机对销售人员绩效的影响。本章的研究目的如下：

①通过文献综述，厘清销售人员控制、销售人员动机、销售人员绩效的内涵、本质及影响因素。

②探讨销售人员控制对销售人员绩效的直接影响，探讨不同管理控制方式对不同销售人员绩效的影响。

③探讨销售人员动机对销售人员绩效的影响，探讨不同销售人员动机对不同销售人员绩效的影响。

④明确销售人员动机在销售人员控制与销售人员绩效之间的中介机制。

8.2 销售人员知识相关研究综述

8.2.1 销售人员知识的定义

知识是一个内容丰富的名词，它涉及心理学、经济学、哲学、管理学等不同学科，因此很难给“知识”下一个包罗万象、没有疏漏的定义。关于知识的定义，最早可以追溯到柏拉图与苏格拉底，他们认为知识具有自我知晓的功能，而且知识的功能是唯一的。也就是说，知识表征了个人的精神、情操和智慧的成长。随着知识的重要性不断显现，越来越多的学者开始对知识展开研究，他们基于不同的视角给知识下了不同的定义。通过对国内外现有文献的回顾，我们把学者们给知识下的定义进行了梳理，见表8-1。

表 8-1 **知识的定义**

代表人物	定 义
Sproul（1982）	企业知识可以看作企业的日常行动计划和标准操作程序
Zande（1992）	知识是用来构造个体成员之间关系，用以指导企业的个体成员在特定场合中的行为的
Kogut（1992）	知识是群体之间和组织之间关系的原则
Hedtund 和 Nonaka（1993）	知识是体现在产品或服务中的技能和专长以及认知的过程
Leonard 和 Sensiper（1998）	知识是相关的、可行动化的信息，它至少有部分基于经验；知识是信息的一个子集，是主观的，与有意识的行为有关，拥有经验中的隐性成分
Long 和 Fahey（2000）	知识是人们的一种思考和精神产品，是一种根植于某个人或某个集体，或嵌入于某个过程的资源，它是情景化的，知识嵌入在语言、故事、概念、规则和工具之中

续表

代表人物	定　义
Davenport 和 Prusak（2000）	知识是一种经验、价值观、相关信息及洞察力的动态组织，它所构成的框架可以不断地评价和吸收新的经验和信息
德鲁克 （1999）	知识是一种能够改变某些人或某些事物的信息——这既包括使信息成为行动的基本方法，也包括通过对信息的运用使某个个体（或机构）有能力进行改变或采取更有效的行为的方式
Cherchman（1998）	将知识看作一种信息集合的观点，事实上已经将知识这一概念从其全部生活之中剥离了出去；知识只存在于其使用者身上，而不存在于信息的集合中，使用者对信息集合的反应才是最重要的
王德禄（1999）	知识是经过人的思维整理过的信息、数据、形象、意象、价值标准以及社会的其他符号化产物，不仅包括可编码的显性知识，也包括与个人的经历和背景密不可分的隐性知识
陈力、宣国良（2005）	知识是结构性经验、价值概念、关联信息及专家见识的流动组合
Bock 等（2005）	知识是个体所知道的，如何完成组织中的任务或者帮助解决组织中事务的信息

通过对知识定义的回顾与梳理，本章在Bock等（2005）的知识定义基础上，结合销售人员的工作特点，将销售人员知识界定为“销售人员所拥有的，有助于销售人员达成目标及有助于解决销售中所遇到问题的信息”，这种信息涵盖专业知识、人际沟通能力及销售经验等。

8.2.2 销售人员知识的分类

从上述关于知识定义的讨论中，我们可以清晰地看到，由于知识不仅拥有丰富的内涵，还具有广泛的外延，所以不同的研究者关于知识的定义很难达成一致。在此基础上，研究者关于知识类别的划分当然也种类繁多。本章通过对现有文献的回顾，从管理科学的视角出发，将目前学术界广泛认可的关于知识的分类做了梳理，详见表8-2。

Ahearne和Schillewaert（2000）在Behrman和Perreault（1982）关于技术性知识定义的基础上将销售人员知识进一步划分为技术性知识和营

销性知识两个维度。考虑到知识经济的时代背景，本章采用Ahearne和Schillewaert（2000）对销售人员知识的分类，将销售人员的知识分为营销性知识和技术性知识。营销性知识是指诸如行业的竞争状况、未来发展趋势、营销技巧等市场营销策略方面的知识；技术性知识是指诸如产品使用方法、产品规格说明、顾客使用情况等专业技术性知识。

表 8-2 **知识的分类**

分类标准	代表人物和时间	主要观点
内容	经济合作与发展组织（OECD）（1996）	分为：（1）know-what（知道是什么的知识）；（2）know-why（知道为什么的知识）；（3）know-how（知道怎样做某事的知识）；（4）know-who（知道什么人有什么知识的知识）
	Zack（1999）	分为:（1）描述性知识（declarative knowledge），描述一些事件的观点、类型与特性，这是组织内部能够有效沟通与分享知识的基础；（2）程序性知识（procedural knowledge），是关于某事如何发生与完成的知识，这种知识能够有效地协调组织内成员的行为；（3）成因知识（eausal knowledge），是关于某事为何会发生的知识
	Ahearne 和 Schillewaert（2000）	分为营销性知识和技术性知识。（1）营销性知识是指关于诸如行业的竞争状况、未来发展趋势、营销技巧等市场营销策略方面的知识；（2）技术性知识是关于诸如产品使用方法、产品规格说明、顾客使用情况等专业技术性知识
用途	Gilbert 和 Cordey Haye（1996）	分为工具性知识（instrumental knowledge）与发展性知识（development knowledge）两类。（1）工具性知识是指从事专门工作所必须具备的基础知识，如作业程序和相关流程等；（2）发展性知识是对工具性知识的深化，用以提升工具性知识层次的知识，如技术创新及其商品化、人力资源培训、员工的职业生涯规划等

续表

分类标准	代表人物和时间	主要观点
编码的难易程度	Mihael Planyi（1966）	分为言传知识和意会知识。（1）一般所指的知识是“言传知识”；（2）非系统性阐述知识是“意会知识”
	Winter（1987）	在Polanyi对知识分类的基础上，分为:（1）简单知识和复杂知识；（2）可教授的知识和不可教授的知识；（3）显而易见的知识和看不见的知识
	Inken和Dinur（1998）	认为知识不是两分法，而是以隐性知识和显性知识为两端的连续图谱。在图谱的显性端，知识隐含在特定的产品和过程中；而在图谱的隐性端，知识内隐于通过经验及其运用而产生的个体认知和组织惯例中
	汪应洛、李勖（2002）	在知识转移的过程中，隐性知识可以分为真隐性知识和伪隐性知识
存在方式	左美云等（2000）	企业中的知识有以下四种存在方式：（1）物化在机器设备上的知识；（2）体现在书本、资料、说明书、报告中的编码知识；（3）存在于员工头脑中的意会知识；（4）固化在组织制度、管理形式、企业文化中的知识
	Nonaka（1994）	分为个体知识和集体知识。（1）个体知识由个体创造并存在于个体中；（2）集体知识由一个团队的集体行动所创造，并在集体的行动中内在化

8.2.3 销售人员知识的测量

如前所述，现有研究对知识的分类是不同的，因此其测量方法也不尽相同。目前被学术界广泛运用的主要是Griffith（2001）开发的量表，该量表通过五个关键性指标衡量零售商向供货商转移的关于产品、竞争者、营销技巧及市场动向的知识。此外，我国学者刘益、刘婷（2010）在继承Griffith（2001）及Marinova（2004）研究成果的基础上，开发了利用顾客行为信息、产品信息、顾客品味和需求信息、竞争者信息、市场营销信息以及其他有关信息等来测量转移的市场知识。

考虑到本章的研究需要，我们根据Ahearne和Schillewaert（2000）的划分方法将知识划分为营销性知识和技术性知识两个维度。对营销性知识，我们采用Ahearne和Schillewaert（2000）开发的量表进行测量，该量表共有五个测项，从五个不同的角度进行考察。对技术性知识，我们采用Behrman和Perreault（1982）开发的量表进行测量，该量表共包含九个测项，从九个方面进行考察。

8.3 研究模型与假设

在前述关于销售人员的顾客导向、销售人员绩效、销售人员知识的研究成果基础上，本部分提出了此次研究的理论模型，并依据该模型中各个变量之间的内在逻辑关系提出与之相对应的假设。

8.3.1 理论模型

正如我们在顾客导向理论综述部分所提及的那样，有些研究表明顾客导向与销售人员绩效之间存在密切的联系，而且有学者通过理论及实证方法对它们之间的关系进行了验证，但是，也有些研究表明顾客导向与销售人员绩效之间的关系并不显著。不同学者对顾客导向与销售人员绩效之间关系的结论并不一致，甚至是相互背离的。

知识管理理论认为，知识具有不同的属性，不同属性知识的创造、保持及转移方式也不相同，知识的属性会对企业的控制方法产生直接的影响。Sujan等（1986）的研究表明，销售人员的知识作为一种可塑性因素对适应性销售行为对绩效的影响起调节作用。廖飞、施丽芳（2010）的研究表明，知识的属性对员工声誉激励与内生动机之间的关系具有调节作用。梦非、魏建良（2012）以知识的属性为调节变量研究了员工关系对创新绩效的影响，结果表明不同属性的知识所起到的调节作用也是不同的。

不仅如此，现有关于顾客导向与绩效之间关系的研究多半将顾客导向及销售人员绩效作为一个整体来考察，没有深入到维度层面进行分析。为了更清晰地了解顾客导向与销售人员绩效之间的关系，Cross等

(2006) 及Brockman等 (2012) 呼吁未来的研究者对顾客导向与销售绩效之间的调节变量、中介变量进行更深入的研究。考虑到当前知识经济时代背景，Verbeke等 (2010) 呼吁未来的研究者致力于将销售人员所拥有的知识作为一个因素进行研究。

据此，本章将知识的属性作为调节变量，提出如图8-1所示的理论模型，并期望通过此理论模型探讨顾客导向、销售人员绩效及知识属性三者之间的内在联系，为提升销售人员绩效提出有实证依据的建议。

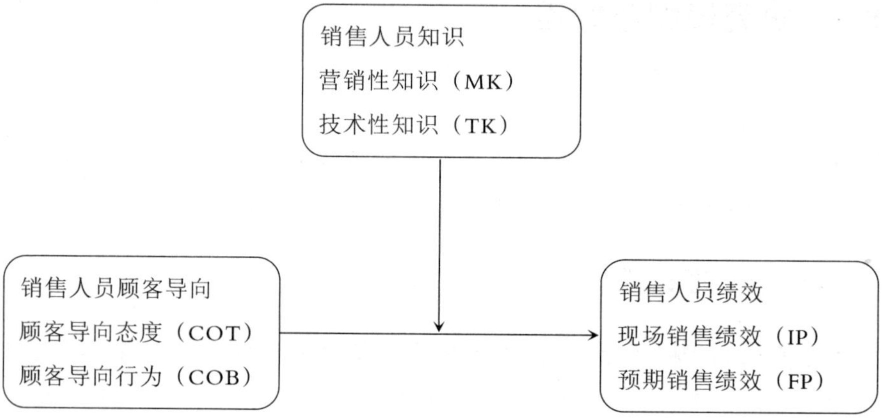

图 8-1 本章的理论模型

8.3.2 概念界定

(1) 销售人员顾客导向态度及顾客导向行为的界定

Stock和Hoyer (2005) 通过对以往研究的回顾发现，现有从销售人员个体角度出发展开的关于顾客导向的研究多将顾客导向看作一种行为，而且一般都采用Saxe和Weitz (1982) 关于顾客导向的定义，即顾客导向是销售人员通过自己的行动来满足顾客需求的能力。Rosenthal (1997) 首先引入了顾客导向情绪的概念，Brown等 (2002) 又在其基础上将顾客导向定义为类似态度和行为的两个维度，但遗憾的是，他们没有在这两个维度之间进行判别效度分析。

Stock和Hoyer (2005) 建立了销售人员顾客导向态度和顾客导向行为的二维模型，并将顾客导向行为定义如下：销售人员通过自己的行动来帮助顾客并提升顾客满意度的行为，这种行为包括诸如帮助顾客识别真实的需求、探讨顾客的需求以及通过信息而不是压力影响顾客的决策；他们将顾客导向态度定义如下：销售人员在多大程度上为顾客着想，它涉及在与顾客沟通过程中销售人员的亲和力以及销售人员从个人绩效及企业绩效两个层面对顾客导向重要性的理解。

本章以Stock和Hoyer（2005）关于顾客导向维度的划分为理论基础，因此本章所提及的顾客导向态度及顾客导向行为的定义均以上述Stock和Hoyer（2005）的定义为准。

（2）销售人员现场销售绩效及预期销售绩效的界定

Crosby等（1990）在深入分析、总结前人研究的基础上，结合销售人员工作的特点，将销售人员绩效划分为现场销售绩效及预期销售绩效两个维度。在销售实践中经常出现这样的情况：销售人员通过与顾客在销售过程中的互动，使顾客在与销售人员首次接触后就做出购买企业产品（服务）的决定；或者是顾客在与销售人员多次接触后，最终在当天做出购买决定。基于此，本章将销售人员的现场销售绩效界定为：销售人员在与顾客互动、接触的当天所达成的交易。

在销售实践中，还有些顾客仅就相关产品与销售人员进行了沟通，并没有在当天做出购买决定，但是如果销售人员能够为顾客提供令他们满意的服务，那么顾客在未来再次光临甚至购买销售人员的产品（服务）的可能性就非常高，他们也会将该产品推荐给其亲朋好友。此外，还有一种情况，就是顾客这次购买了销售人员推荐的产品后预期未来要再次购买，或者将该产品（服务）推荐给其亲朋好友。基于此，本章将预期销售绩效界定为：销售人员在与顾客互动、沟通后预期顾客未来购买的销售绩效指标（裴一蕾，2009）。

（3）销售人员营销性知识及技术性知识的界定

知识经济的发展对传统销售过程造成深刻的影响。知识基础观认为，在企业可以动用的所有资源中，知识已经成为影响企业能否保持竞争优势的决定性因素（Gupta & Govindarajan，2000）。Sujan等（1986）从销售人员个人绩效的角度进行的研究表明，知识已经成为销售人员应对市场不确定性、竞争环境的必备要件。

Ahearne和Schillewaert（2000）在Behrman和Perreault（1982）关于技术性知识定义的基础上将销售人员知识进一步划分为技术性知识和营销性知识两个维度。营销性知识是指诸如行业的竞争状况、未来发展趋势、营销技巧等市场营销策略方面的知识（Ahearne & Schillewaert, 2000）；技术性知识是指诸如产品使用方法、产品规格说明、顾客使用情况等专业技术性知识（Behrman & Perreault，1982）。

8.3.3 研究假设

（1）销售人员顾客导向态度与其绩效关系假设

Stock和Hoyer（2005）认为顾客导向态度指销售人员为顾客着想的程度，它涉及在与顾客沟通过程中销售人员的亲和力以及销售人员从个人绩效及企业绩效两个层面对顾客导向重要性的理解。Rosenthal（1997）认为顾客导向态度对顾客导向行为有显著的正向影响。如果销售人员具有较明显的顾客导向态度，那么其在销售过程中就会更加关注顾客的需求，就会为顾客提供更加贴心的、优质的服务。这就势必拉近销售人员与顾客之间的心理距离，因而也就能够提高顾客满意度。我国学者华英杰（1996）的研究表明，顾客满意度确实会影响购买意愿。郑绍成（1999）认为客户满意度、购买意愿与绩效正相关。基于此，本章提出如下假设：

假设1：销售人员顾客导向态度对其现场销售绩效有显著的正向影响。

假设2：销售人员顾客导向态度对其预期销售绩效有显著的正向影响。

（2）销售人员顾客导向行为与其绩效关系假设

本章基于Stock和Hoyer（2005）关于顾客导向行为的定义展开分析。Stock和Hoyer（2005）认为顾客导向行为是指销售人员通过自己的行动来帮助顾客并提升顾客满意度的行为，这种行为包括诸如帮助顾客识别真实的需求、探讨顾客的需求以及通过信息而不是压力影响顾客的决策。因此Frankeh和Park（2006）指出，具有顾客导向的销售人员会花费更多的时间和精力就顾客的需求与顾客沟通。Saxe 和 Weitz（1982）从行为的视角对顾客导向进行的研究验证了销售人员的顾客导向对其绩效有显著的正向影响。Williams 和 Attaway（1996）及 Brady 和 Cronin（2001）的研究分别验证了顾客导向行为有助于建立良好的销售人员-顾客关系，同时也有助于提升顾客感知到的服务质量。后来的研究又进一步从企业的角度（Narver & Slater，1990；Singh & Ranchhod，2004）和销售人员个人的角度（Sujan et al.，1994；Donavan et al.，2004）证明了顾客导向对销售绩效有显著的正向影响。基于此，本章提出如下假设：

假设 3：销售人员顾客导向行为对其现场销售绩效有显著的正向影响。

假设 4：销售人员顾客导向行为对其预期销售绩效有显著的正向影响。

（3）销售人员技术性知识的调节作用假设

Verbeke 和 Dietz 等（2011）指出，随着知识经济的发展，未来的销售人员除了承担传统的销售角色外，还应当担负起企业与顾客之间“知识中介人”（knowledge-brokers）的角色。知识经济时代的销售人员不仅要向其顾客讲解其所销售的产品（服务）背后的科学道理，还要告诉顾客如何科学地使用其所销售的产品（服务）（Verbeke et al.，2008）。这就要求销售人员吸收并保有与他们所销售产品相关的知识以及如何使用他们产品的知识（Sarvary，2001；Varg & Lusch，2004）。Verbeke 等（2008）和 Dietz 等（2011）的分析表明，与产品相关的知识对销售绩效有显著的正向影响。据此，本章提出如下假设：

假设 5a：销售人员技术性知识对顾客导向行为与现场销售绩效之间的关系有正向调节作用，即相对于拥有较少技术性知识的销售人员，拥有较多技术性知识的销售人员的顾客导向行为对现场销售绩效的正向影响作用更大。

假设 5b：销售人员技术性知识对顾客导向行为与预期销售绩效之间的关系有正向调节作用，即相对于拥有较少技术性知识的销售人员，拥有较多技术性知识的销售人员的顾客导向行为对预期销售绩效的正向影响作用更大。

假设5c：销售人员技术性知识对顾客导向态度与现场销售绩效之间的关系有正向调节作用，即相对于拥有较少技术性知识的销售人员，拥有较多技术性知识的销售人员的顾客导向态度对现场销售绩效的正向影响作用更大。

假设5d：销售人员技术性知识对顾客导向态度与预期销售绩效之间的关系有正向调节作用，即相对于拥有较少技术性知识的销售人员，拥有较多技术性知识的销售人员的顾客导向行为对预期销售绩效的正向影响作用更大。

（4）销售人员营销性知识的调节作用假设

销售人员营销性知识包括销售人员对行业内诸如竞争状况、发展趋势、营销策略、营销技巧等的认知和理解。销售人员拥有的营销性知识会对其所进行的销售活动产生重要的影响。Ahearne和Schillewaert（2000）认为，销售人员需要应对复杂的营销环境，对销售人员来说，拥有深厚并且广泛的知识积淀是至关重要的。Behrman和Perreault（1982）的研究表明，销售人员对知识的有效运用是取得良好销售业绩的前提条件。事实上，由于销售人员的顾客各具特色，他们有不同的喜好和需求，因此销售人员的营销性知识使销售人员能根据顾客的不同特点运用不同的销售技巧。据此，本章提出如下假设：

假设6a：销售人员的营销性知识对顾客导向行为与现场销售绩效之间的关系有正向调节作用，即相对于拥有较少营销性知识的销售人员，拥有较多营销性知识的销售人员的顾客导向行为对现场销售绩效的正向影响作用更大。

假设6b：销售人员的营销性知识对顾客导向行为与预期销售绩效之间的关系有正向调节作用，即相对于拥有较少营销性知识的销售人员，拥有较多营销性知识的销售人员的顾客导向行为对预期销售绩效的正向影响作用更大。

假设6c：销售人员的营销性知识对顾客导向态度与现场销售绩效

之间的关系有正向调节作用，即相对于拥有较少营销性知识的销售人员，拥有较多营销性知识的销售人员的顾客导向态度对现场销售绩效的正向影响作用更大。

假设6d：销售人员的营销性知识对顾客导向态度与预期销售绩效之间的关系有正向调节作用，即相对于拥有较少营销性知识的销售人员，拥有较多营销性知识的销售人员的顾客导向行为对预期销售绩效的正向影响作用更大。

本章的所有假设构成一个完整的研究模型，如图8-2所示。

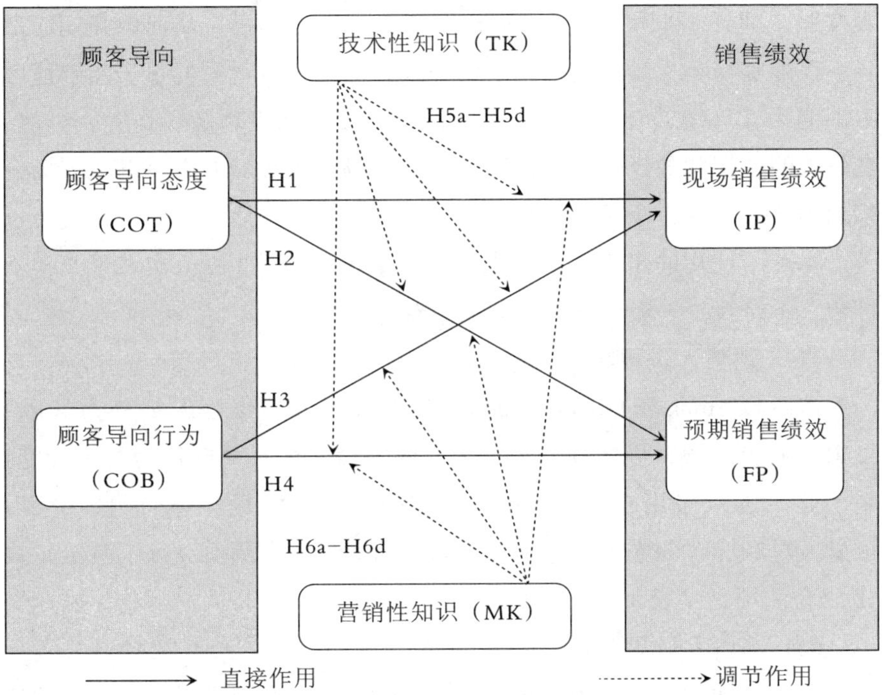

图 8-2　研究假设模型

8.4　研究方法设计

8.4.1　变量的操作化定义及研究工具

变量的测量是实证研究的重要环节，能否准确有效地对相关变量进行测量直接关系到研究结果的准确性。本章需要测量的变量有：销售人员顾客导向、销售绩效以及两种属性的知识。其中，销售人员顾客导向包括顾客导向态度及顾客导向行为两个维度；销售绩效包括现场销售绩效及预期销售绩效两个维度；知识分为营销性知识及技术性知识两个维度。为了使变量的测量更加准确，本章采用了比较成熟的量表。

由于本章选用的销售人员顾客导向及销售人员知识的量表均为英文量表，所以在进行量表翻译时邀请了专业的英语工作者对国外的英文量表按照“翻译-回译”的程序进行翻译，并反复修正，从而使我们的量表不仅能够与英文量表的意思表示一致，而且使翻译后的量表能够适应中国的语言环境，让受访者一目了然，方便受访者理解和作答。当然，在量表的选用和翻译过程中，我们也与市场营销领域的专家以及市场一线的销售人员进行了深入的交流。

本章所使用的量表均为里克特五分量表，数字1~5依次表示非常不符合、不符合、一般、符合、非常符合。

（1）销售人员顾客导向的测量

本章以Stock和Hoyer（2005）关于顾客导向维度的划分为基础，将销售人员的顾客导向划分为顾客导向态度和顾客导向行为两个维度。基于此，本章采用Stock和Hoyer（2005）开发的顾客导向测量量表，该量表对顾客导向态度和顾客导向行为分别用6个测项进行了测量，共计12个测项，见表8-3。

（2）销售人员知识的测量

本章根据Ahearne和Schillewaert（2000）的划分方法将知识划分为营销性知识和技术性知识两个维度。对营销性知识来说，我们采用Ahearne和Schillewaert（2000）开发的量表进行测量，该量表共有五个测项，从五个不同的角度进行考察。对技术性知识来说，我们采用Behrman和Perreault（1982）开发的量表进行测量，该量表共包含9个测项，从9个方面进行考察。具体测项见表8-4。

表 8-3　　销售人员顾客导向测量量表

变量		测项	来源
顾客导向	顾客导向态度（COT）	1.我认为我自己具有很强的顾客导向意识	Stock和Hoyer（2005）
		2.我认为与顾客的互动能够促进我在公司的发展	
		3.我尽可能准确地回答顾客提出的关于产品（服务）的问题	
		4.我从事销售工作的时候秉承顾客导向信念	
		5.顾客导向在我的销售工作中起着非常重要的作用	
		6.我时刻谨记顾客最关心的事情	
	顾客导向行为（COB）	7.在销售过程中，我试图就顾客的需求与顾客展开讨论	
		8.我非常喜欢与顾客互动	
		9.我试图通过向顾客介绍与产品（服务）有关的信息来影响顾客，而不愿意向顾客施加压力	
		10.我试图准确地告诉顾客我销售的产品（服务）能够给顾客带来什么样的好处	
		11.为了帮助顾客做出更加合理的购买决策，有时候我会对顾客的观点提出异议	
		12.在销售过程中，我尽力帮助顾客实现他们的目标	

（3）销售人员绩效的测量

考虑到销售人员工作的特征及绩效的常用考核方法，我们采用Crosby等（1990）关于销售人员绩效的划分方法，将销售人员绩效划分为现场销售绩效及预期销售绩效两个维度。

表 8-4 **销售人员知识测量量表**

变量		测项	来源
知识的属性	营销性知识（MK）	1. 我掌握很多关于如何开展市场竞争的知识	Ahearne 和 Schillewaert（2000）
		2. 我掌握很多关于行业发展趋势的知识	
		3. 我很清楚地知道行业内发生的重大事件	
		4. 我对竞争对手采取的行动了如指掌	
		5. 我知道竞争对手的营销策略	
	技术性知识（TK）	6. 我非常清楚我们的产品（服务）的技术参数以及使用方法	Behrman 和 Perreault（1982）
		7. 我非常了解我们的产品（服务）的制造过程	
		8. 我像熟悉自己的产品（服务）一样熟悉竞争对手的产品（服务）	
		9. 我能及时学习与我们的产品（服务）有关的最新技术	
		10. 我非常清楚正确使用我们的产品（服务）所需要的知识	
		11. 我堪称行业里的技术能手	
		12. 当我们的产品（服务）不能正常运行时，我能够准确地找出原因	
		13. 当顾客需要我的帮助时，我能够向其提供专家般的服务	
		14. 我需要拿着知识手册向顾客介绍产品（服务）的信息	

关于绩效的测量方法，常见的有客观评价法和主观评价法两种。客观评价法主要是从企业提取相关绩效考核数据；主观评价法则是让员工对自己的绩效进行自评。Hartley和Walker（1985）的研究表明，之前关于销售人员绩效的评价中，有53.3%的研究采用了主观评价法，有46.7%的研究采用了客观评价法。此外，他们还指出，让销售人员自己评价绩效（主观评价）的方法不仅不会增加因变量和自变量之间的相关关系，而且其结果与客观评价方法所得结果相同。Robbins和Robinson（1987）的研究表明，采用主观评价法的结果与采用客观评价法的结果之间存在显著的正相关关系。Sohi（1996）提出，尽管通过主观评价法得出的结果可能有一定的误差，但是此种误差不会随着受测者的不同而有系统性差异，因此主观评价法具有很高的可信度。此外，Rich等（1999）的实证研究表明，主观评价法可以取得良好的效果。

综上所述，本章选用主观评价法对销售人员的绩效进行测量。之所以选取主观评价法，是基于如下考虑：第一，销售数据是很多企业的商业机密，企业一般不愿意提供准确的、详细的数据，因此客观数据很难收集；第二，客观数据会受到企业投入的资源、企业的规模、企业的市场地位等因素的影响，因此如果销售人员来自不同的公司，那么其客观销售绩效就不具有可比性（Behrman和Perreault 1982）；第三，让销售人员自己进行绩效评价，可以提升销售人员对本次调研的信任度。

基于上述分析，本章采用裴一蕾（2009）开发的绩效测量量表。在该量表中，现场销售绩效及预期销售绩效各有6个测项，共计12个测项，见表8-5。

8.4.2 预测试

在上述关于各变量测量量表的选择基础上，我们与学者、营销领域的相关专家、一线销售人员就测项的表述等问题进行了反复的讨论和修订，最终形成了初始问卷。其中，销售人员顾客导向有12个测项，销售人员知识有14个测项，销售人员绩效有12个测项，共计38个测项。

表 8-5 **销售人员绩效测量量表**

变量		测项
销售绩效	现场销售绩效（IP）	1. 我与顾客第一次接触后，顾客就会产生购买行为
		2. 我与顾客第一次接触后，顾客现场犹豫，但最终还是购买了我销售的产品（服务）
		3. 我与顾客第一次接触后，顾客离开，但当天再次返回，与我再次接触沟通，最终购买了我销售的产品（服务）
		4. 我与顾客多次接触后，顾客当天最终购买我销售的产品（服务）
		5. 我与新顾客接触后，新顾客现场购买我销售的产品（服务）的可能性非常高
		6. 我与顾客接触后，顾客现场购买我销售的产品（服务）的可能性非常高
	预期销售绩效（FP）	7. 我与顾客接触后，虽然本次顾客没有购买我销售的产品（服务），但是顾客未来再次光顾的可能性非常高
		8. 我与顾客接触后，顾客不仅本次购买了我销售的产品（服务），而且未来再次光顾的可能性非常高
		9. 我与顾客接触后，顾客不仅本次购买了我销售的产品（服务），而且未来再次购买的可能性非常高
		10. 我与顾客接触后，虽然顾客本次没有购买我销售的产品（服务），但其未来购买的可能性非常高
		11. 我与顾客接触后，顾客不仅购买我销售的产品（服务），而且未来将我销售的产品（服务）推荐给其亲朋好友的可能性非常高
		12. 我与顾客接触后，顾客虽然本次没有购买我销售的产品（服务），但未来将我销售的产品（服务）推荐给其亲朋好友的可能性非常高

在进行问卷的正式发放之前，我们在中国人民财产保险股份有限公司选取保险销售人员进行了预测试，我们期望通过预测试发现并消除问卷中存在的不足和漏洞。

预测试进行了两轮：第一轮是与6位保险销售人员面对面地逐题进行测试，然后请他们对问卷中的每个问题进行解释，从而了解他们对量表中各个测项的理解，总结他们在答卷过程中遇到的问题。通过第一轮预测试，我们发现，被访者对“我非常喜欢与顾客互动”及“为了帮助顾客做出更加合理的购买决策，有时候我会对顾客的观点提出异议”“我需要拿着知识手册向顾客介绍产品（服务）的信息”“我与顾客第一次接触后，顾客离开，但当天再次返回，与我再次接触沟通，最终购买了我销售的产品（服务）”“我与顾客多次接触后，顾客当天最终购买我销售的产品（服务）”这五个测项的理解有偏差。

针对上述问题，我们抛弃了较为晦涩的学术用语，对问卷的措辞又进行了修改，使之在保持原意的基础上更加通俗易懂。第二轮预测试共计发放纸质问卷42份，回收39份，其中有效问卷32份。针对第二次预测试中出现的问题，我们对量表再次进行了微调。至此，本章的正式问卷形成。

8.4.3 数据收集与样本概况

本章从销售人员与顾客在销售过程中的互动视角出发，因此本章的调查对象为企业的一线销售人员。问卷主要针对保险业、银行业及汽车摩托车零售业。通过校友发放纸质问卷154份，通过问卷星系统邀请了113位销售人员作答。两种渠道共计发放问卷267份，回收221份，回收率为83%。对回收的问卷进行梳理后，剔除作答不完整的问卷11份、明显没有认真作答的问卷7份，最终得到有效问卷203份，有效回收率为76%。调研对象的分布情况见表8-6。

从表8-6可以看出，样本中女性所占比例要比男性高约5%；35岁以下的样本占被访者的80%，说明销售岗位从业人员比较年轻。具有大专及本科学历的销售人员占77%，说明销售人员的学历水平较以前有了

表 8-6 **调研对象的分布**

基本特征	分类	样本数目	百分比（%）
性别	男	97	47.78
	女	106	52.22
年龄	25岁以下	69	33.99
	26~35岁	94	46.31
	36~45岁	27	13.30
	46~55岁	11	5.42
	56岁以上	2	0.99
工作年限	1年以下	58	28.57
	1~3年	67	33.00
	4~5年	54	26.60
	6~10年	18	8.87
	10年以上	6	2.96
学历水平	高中及以下	32	15.76
	大专	59	29.06
	本科	98	48.28
	研究生及以上	14	6.90
行业	保险业	97	47.78
	银行业	44	21.67
	汽车摩托车零售业	62	30.54

很大的提升。此外，由于受到资源条件的限制，本次调研的对象主要是保险业、银行业及汽车摩托车零售业的销售人员，因此在样本收集方面有一定的局限性。表8-7是各个测项的描述性统计分析。

表 8-7　**各个测项的描述性统计**

测项	均值	标准差
COT1：我认为我自己具有很强的顾客导向意识	3.67	0.780
COT2：我认为与顾客的互动能够促进我在公司的发展	4.18	0.759
COT3：我尽可能准确地回答顾客提出的关于产品（服务）的问题	4.18	0.697
COT4：我从事销售工作的时候秉承顾客导向的信念	3.96	0.804
COT5：顾客导向在我的销售工作中起着非常重要的作用	4.02	0.734
COT6：在销售过程中，我时刻谨记顾客最关心的事情	3.96	0.810
COB1：在销售过程中，我试图就顾客的需求与顾客展开讨论	3.98	0.734
COB2：我试图通过向顾客介绍与产品（服务）有关的信息来影响顾客，而不愿意给顾客施加压力	4.00	0.764
COB3：我试图准确地告诉顾客，我销售的产品（服务）能够给顾客带来什么样的好处	4.17	0.712
COB4：在销售过程中，我尽力帮助顾客实现他们的目标	4.05	0.646
IP1：我与顾客第一次接触后，顾客就会产生购买行为	2.88	0.758
IP2：我与顾客第一次接触后，顾客现场犹豫，但最终还是购买了我销售的产品（服务）	3.23	0.769
IP3：我与新顾客接触后，新顾客现场购买我销售的产品（服务）的可能性非常高	3.24	0.722
IP4：我与顾客接触后，顾客现场购买我销售的产品（服务）的可能性非常高	3.39	0.759
FP1：我与顾客接触后，虽然本次顾客没有购买我销售的产品（服务），但是顾客未来再次光顾的可能性非常高	3.60	0.733
FP2：我与顾客接触后，顾客不仅本次购买了我销售的产品（服务），而且未来再次光顾的可能性非常高	3.61	0.740

续表

测项	均值	标准差
FP3：我与顾客接触后，顾客不仅本次购买了我销售的产品（服务），而且未来再次购买的可能性非常高	3.59	0.728
FP4：我与顾客接触后，虽然顾客本次没有购买我销售的产品（服务），但其未来购买的可能性非常高	3.62	0.764
FP5：我与顾客接触后，顾客不仅购买我销售的产品（服务），而且未来将我销售的产品（服务）推荐给其亲朋好友的可能性非常高	3.64	0.699
FP6：我与顾客接触后，顾客虽然本次没有购买我销售的产品（服务），但未来将我销售的产品（服务）推荐给其亲朋好友的可能性非常高	3.47	0.760
MK1：我掌握很多关于如何开展市场竞争的知识	3.54	0.746
MK2：我掌握很多关于行业发展趋势的知识	3.56	0.771
MK3：我很清楚地知道行业内发生的重大事件	3.52	0.713
MK4：我对竞争对手采取的行动了如指掌	3.11	0.831
MK5：我知道竞争对手的营销策略	3.37	0.807
TK1：我非常清楚我们的产品（服务）的技术参数以及使用方法	3.87	0.819
TK2：我非常了解我们的产品（服务）的制造过程	3.73	0.879
TK3：我像熟悉自己的产品（服务）一样熟悉竞争对手的产品（服务）	3.49	0.823
TK4：我能及时地学习与我们的产品（服务）有关的最新技术	3.78	0.830
TK5：我非常清楚正确使用我们的产品（服务）所需要的知识	3.98	0.696
TK6：我堪称行业里的技术能手	3.28	0.728
TK7：当我们的产品（服务）不能正常运行时，我能够准确地找出原因	3.37	0.716
TK8：当顾客需要我的帮助时，我能够向其提供专家般的服务	3.61	0.784

8.5 数据分析与结果讨论

8.5.1 研究量表检验

量表的信度和效度会对后续数据分析结果的正确性产生直接影响。虽然本章所采用的量表均为成熟量表，但是为了保证研究的准确性，我们将对所用量表的信度和效度再次进行检验。

（1）研究量表的信度检验

①顾客导向量表的信度检验。销售人员顾客导向及其维度的 Cronbach's α 值见表 8-8。从表 8-8 中可以看出，销售人员顾客导向的 Cronbach's α 值为 0.821，顾客导向态度、顾客导向行为两个维度的 Cronbach's α 值分别为 0.764、0.728，均高于可接受水平 0.70。各个分项对总项的相关系数均在 0.4 以上，剔除任一题项后 Cronbach's α 值没有显著提高。基于上述指标，可以认为销售人员顾客导向的测量量表具有较好的内部一致性，量表的信度良好。

表 8-8　　销售人员顾客导向量表信度分析

测项	校正的项总计相关性	项已删除的 Cronbach's α 值	Cronbach's α 值
销售人员顾客导向（10个测项）			0.821
顾客导向态度（6个测项）			0.764
COT1	0.401	0.757	
COT2	0.464	0.740	
COT3	0.517	0.727	
COT4	0.527	0.724	
COT5	0.642	0.694	
COT6	0.504	0.730	
顾客导向行为（4个测项）			0.728
COB1	0.463	0.682	
COB2	0.531	0.641	
COB3	0.567	0.619	
COB4	0.468	0.678	

注：COT=顾客导向态度；COB=顾客导向行为。

②销售人员知识量表的信度检验。销售人员知识及其维度的Cronbach's α值见表8-9。从表8-9中可以看出，销售人员知识的Cronbach's α值为0.874，营销性知识、技术性知识两个维度的Cronbach's α值分别为0.820、0.845，均高于可接受水平0.70。各个分项对总项的相关系数均在0.4以上，剔除任一题项后Cronbach's α值没有显著提高。基于上述指标，可以认为销售人员知识测量量表具有较好的内部一致性，量表信度良好。

表8-9 **销售人员知识量表信度分析**

测项	校正的项总计相关性	项已删除的Cronbach's α值	Cronbach's α值
销售人员知识（13个测项）			0.874
营销性知识（5个测项）			0.820
MK1	0.647	0.775	
MK2	0.674	0.767	
MK3	0.582	0.794	
MK4	0.539	0.809	
MK5	0.632	0.779	
技术性知识（8个测项）			0.845
TK1	0.627	0.820	
TK2	0.626	0.820	
TK3	0.580	0.826	
TK4	0.629	0.820	
TK5	0.662	0.818	
TK6	0.473	0.838	
TK7	0.508	0.834	
TK8	0.533	0.832	

注：MK=营销性知识；TK=技术性知识。

③销售人员绩效量表的信度检验。销售人员绩效及其维度的Cronbach's α值见表8-10。从表8-10中可以看出，销售人员绩效的Cronbach's α值为0.829，现场销售绩效、预期销售绩效两个维度的Cronbach's α值分别为0.728、0.837，均高于可接受水平0.70。不仅如此，各个分项对总项的相关系数均在0.4以上（最低为0.427），剔除任一题项后Cronbach's α值没有显著提高。基于上述指标，可以认为销售人员绩效的测量量表具有较好的内部一致性，量表信度良好。

表8-10 **销售人员绩效量表信度分析**

测项	校正的项总计相关性	项已删除的Cronbach's α值	Cronbach's α值
销售人员绩效（10个测项）			0.829
现场销售绩效（4个测项）			0.728
IP1	0.635	0.621	
IP2	0.450	0.707	
IP3	0.427	0.718	
IP4	0.569	0.637	
预期销售绩效（6个测项）			0.837
FP1	0.566	0.820	
FP2	0.644	0.804	
FP3	0.656	0.802	
FP4	0.640	0.805	
FP5	0.676	0.799	
FP6	0.502	0.833	

注：IP=现场销售绩效；FP=预期销售绩效。

在对上述各量表进行信度分析的基础上，我们又将量表中的33个测项全部纳入SPSS 17.0软件进行了整体问卷的信度分析，得到整体问卷的Cronbach's α值为0.910，见表8-11。剔除任一测项后Cronbach's α值没有显著提高。基于各问卷的Cronbach's α值也均在0.800以上，可以确定整个量表的信度良好。

表 8-11 **整个量表的信度分析**

可靠性统计量		
Cronbach's α值	基于标准化项的Cronbach's α值	项数
0.910	0.911	33

（2）研究量表的效度检验

效度是衡量模型及测量量表是否可靠的重要指标。常用的效度检验方法主要有探索性因子分析及验证性因子分析。这两种因子分析方法都是以普通因子分析模型为理论基础的，目的都是浓缩数据，通过对诸多变量的相关性研究，用少数几个变量（因子、潜变量）来表示原来变量（观测变量）的主要信息，因此这两种因子分析方法具有一定的相似之处。但是，探索性因子分析没有先验信息，所以更适合在没有理论支持的情况下对数据进行试探性分析；验证性因子分析有先验信息，因而更适合在探索性因子分析的基础上进行更深入的检验。

周晓宏、郭文静（2008）指出，探索性因子分析主要应用于：①寻求基本结构，解决多元统计分析中的变量间强相关问题；②数据化简问题；③发展测量量表。验证性因子分析主要应用于：①验证量表的维度，决定最有效因子结构；②验证因子的阶层关系；③评估量表的信度和效度。

本章选用的销售人员顾客导向量表及销售人员知识量表均源于国外学者的研究成果，销售绩效量表选自国内学者裴一蕾的研究成果。不仅如此，在量表的设计阶段，我们与多位学者、营销领域的专家以及一线销售人员进行了广泛而且深入的探讨，大家一致认为本章所选用的量表具备良好的内容效度，因此本章选用验证性因子分析方法对量表的收敛效度及区分效度进行检验，所用的数据处理软件为AMOS17.0。

收敛效度用潜变量的平均提炼方差（Average Variance Extracted，AVE）来说明，AVE评价潜变量相对于测量误差来说所解释的方差总量。Fomell（1981）认为AVE在0.5或以上表示潜变量的测量有足够的收敛效度。模型拟合度指标包括 χ^2/df、拟合优度指数（GFI）、比较拟合指数（CFI）、近似误差的均方根（RMSEA）。模型的拟合度指标数值范围及建议值见表8-12。

表 8-12 **最佳拟合度指标及建议值**

指标	数值范围	建议值
χ^2/df	0以上	小于5，小于3更佳
GFI	0~1，但可能出现负值	大于0.90，越接近1拟合度越好
CFI	0~1	大于0.90，越接近1拟合度越好
RMSEA	0以上	小于0.10，小于0.08良好，小于0.05更佳

第一，顾客导向量表的收敛效度检验。顾客导向量表的二阶验证性因子分析结果见表8-13。在模型的拟合度指标中，$\chi^2/df=1.635<3$，GFI=0.93>0.90，CFI=0.91>0.90，RMSEA=0.078<0.08，这说明二阶因子模型的拟合度较好。此外，各个测项的标准化因子载荷均高于建议的最低临界水平0.50，平均提炼方差也均大于0.50，因此顾客导向量表具有良好的收敛效度。

表 8-13 **顾客导向量表的二阶验证性因子分析**

变量	测项	标准化因子载荷	组合信度（CR）	平均提炼方差（AVE）
顾客导向			0.93	0.57
顾客导向态度（COT）	COT1	0.71	0.88	0.56
	COT2	0.79		
	COT3	0.83		
	COT4	0.67		
	COT5	0.77		
	COT6	0.69		
顾客导向行为（COB）	COB1	0.69	0.86	0.61
	COB2	0.83		
	COB3	0.76		
	COB4	0.81		
拟合优度指标值：$\chi^2/df=1.635$，GFI= 0.93，CFI= 0.91，RMSEA= 0.078				

第二，销售人员知识量表的收敛效度检验。销售人员知识量表的二阶验证性因子分析结果见表8-14。在模型的拟合度指标中，χ^2/df=1.867<3，GFI=0.94>0.90，CFI=0.92>0.90，RMSEA=0.061<0.08，这说明二阶因子模型的拟合度较好。此外，各个测项的标准化因子载荷均高于建议的最低临界水平0.50，平均提炼方差（AVE）也均大于0.50，因此销售人员知识量表具有良好的收敛效度。

表8-14 **销售人员知识量表的二阶验证性因子分析**

变量	测项	标准化因子载荷	组合信度（CR）	平均提炼方差（AVE）
知识属性			0.94	0.56
营销性知识（MK）	MK1	0.81	0.88	0.61
	MK2	0.77		
	MK3	0.71		
	MK4	0.79		
	MK5	0.82		
技术性知识（TK）	TK1	0.63	0.89	0.53
	TK2	0.61		
	TK3	0.70		
	TK4	0.75		
	TK5	0.74		
	TK6	0.81		
	TK7	0.76		
	TK8	0.79		
拟合优度指标值：χ^2/df=1.867，GFI= 0.94，CFI= 0.92，RMSEA=0.061				

第三，销售绩效量表的收敛效度检验。销售绩效量表的二阶验证性因子分析结果见表8-15。在模型的拟合度指标中，χ^2/df=2.389<3，GFI=0.91>0.90，CFI=0.92>0.90，RMSEA=0.059<0.08，这说明二阶因

子模型的拟合度较好。此外，各个测项的标准化因子载荷均高于建议的最低临界水平0.50，平均提炼方差（AVE）也均大于0.50，因此销售绩效量表具有良好的收敛效度。

表 8-15 **销售绩效量表的二阶验证性因子分析**

变量	测项	标准化因子载荷	组合信度（CR）	平均提炼方差（AVE）
销售绩效			0.93	0.59
现场销售绩效（IP）	IP1	0.83	0.87	0.62
	IP2	0.79		
	IP3	0.73		
	IP4	0.80		
预期销售绩效（FP）	FP1	0.66	0.88	0.56
	FP2	0.71		
	FP3	0.83		
	FP4	0.72		
	FP5	0.87		
	FP6	0.69		

拟合优度指标值：$\chi^2/df=2.389$，GFI=0.91，CFI=0.92，RMSEA=0.059

第四，各量表区分效度检验。进行区分效度检验时，一般用因子的平均提炼方差的平方根与该因子和其他因子的相关系数进行大小比较的方法。如果平均提炼方差的平方根大于该因子和其他因子的相关系数，则说明量表对该因子的测量具有良好的区分效度；反之，则表明该量表的区分效度较低。

本章中各个因子之间的相关系数矩阵与平均提炼方差的平方根之间的关系见表8-16。各个因子的平均提炼方差的平方根大于该因子和其他因子的相关系数，这表明本章选取的测量模型具有良好的区分效度。

表 8-16　　测量模型区分效度检验

变量	COT	COB	IP	FP	MK	TK
COT	(0.748)					
COB	0.552	(0.781)				
IP	0.395	0.323	(0.787)			
FP	0.537	0.506	0.407	(0.748)		
MK	0.293	0.337	0.309	0.251	(0.781)	
TK	0.285	0.534	0.220	0.391	0.520	(0.728)

注：相关系数包括在矩阵的下三角中，一致性系数在括号内。

8.5.2 研究假设检验

（1）相关分析

如前所述，回归分析是建立在相关分析基础上的，因此，在进行变量之间的回归分析之前，我们首先进行变量之间的相关分析。按照学术界广泛采用的相关性判定方法，本章用 Pearson 相关系数作为衡量标准。Pearson 相关系数的绝对值小于等于 1，其绝对值越趋近于 1，变量之间的相关性越高。本章各变量相关分析结果见表 8-17。从分析结果可以看出，各变量之间的相关性均比较高。

表 8-17　　各变量 Pearson 相关分析结果

变量	COT	COB	IP	FP	MK	TK
COT	1					
COB	0.552**	1				
IP	0.395**	0.323**	1			
FP	0.537**	0.506**	0.407**	1		
MK	0.293**	0.337**	0.309**	0.251*	1	
TK	0.285*	0.534*	0.220*	0.391	0.520**	1

注：n=135；* $p \leq 0.05$；** $p \leq 0.01$。

（2）回归分析

为了更加深入地探讨各变量之间的相互影响关系，本章借鉴Baron和Kenny（1986）的做法，通过SPSS 17.0软件中的分层多元回归分析来检验前述假设。在进行回归分析之前，我们按照变量将测项进行归类，计算同一变量下各个测项的平均值并把该平均值作为变量的观测值。

①销售人员顾客导向态度、顾客导向行为对现场销售绩效的影响。我们分别以销售人员顾客导向态度、顾客导向行为为自变量，以现场销售绩效为因变量进行回归分析，结果见表8-18、表8-19。表8-18显示，顾客导向态度对现场销售绩效回归分析的标准化β系数为0.474，$p=0.000<0.05$。这表明顾客导向态度对销售人员现场绩效有显著的正向影响，假设1成立。表8-19显示，顾客导向行为对现场销售绩效回归分析的标准化β系数为0.429，$p=0.000<0.05$。这表明顾客导向行为对销售人员现场绩效有显著的正向影响，假设2成立。

表8-18　**顾客导向态度对现场销售绩效的影响**

模型		非标准化系数		标准化系数	t	Sig.
		B	标准误差	β		
1	（常量）	1.540	0.233		6.618	0.000
	COT	0.441	0.058	0.474	7.635	0.000

表8-19　**顾客导向行为对现场销售绩效的影响**

模型		非标准化系数		标准化系数	t	Sig.
		B	标准误差	β		
1	（常量）	1.620	0.252		6.440	0.000
	COB	0.426	0.063	0.429	6.738	0.000

②销售人员顾客导向态度、顾客导向行为对预期销售绩效的影响。我们分别以销售人员顾客导向态度、顾客导向行为为自变量，以预期销售绩效为因变量进行回归分析，结果见表8-20、表8-21。表8-20显示，顾客导向态度对预期销售绩效回归分析的标准化β系数为0.537，

$p=0.000<0.05$。这表明顾客导向态度对销售人员预期绩效有显著的正向影响，假设3成立。表8-21显示，顾客导向行为对预期销售绩效回归分析的标准化β系数为0.475，$p=0.000<0.05$。这表明顾客导向行为对销售人员预期绩效有显著的正向影响，假设4成立。

表8-20 **顾客导向态度对预期销售绩效的影响**

模型		非标准化系数		标准化系数	t	Sig.
		B	标准误差	β		
1	（常量）	1.320	0.253		5.206	0.000
	COT	0.568	0.063	0.537	9.023	0.000

表8-21 **顾客导向行为对预期销售绩效的影响**

模型		非标准化系数		标准化系数	t	Sig.
		B	标准误差	β		
1	（常量）	1.471	0.279		5.280	0.000
	COB	0.536	0.070	0.475	7.656	0.000

（3）营销性知识的调节作用

①营销性知识对顾客导向态度与现场销售绩效之间关系的调节作用。为了降低多重共线性对研究结果的影响，在进行回归分析之前，我们首先对自变量及调节变量进行中心化转换，然后采用分层多元回归方法先后建立三个回归模型对数据进行分析，分析结果见表8-22、表8-23。从表8-22可以看出，在回归模型中增加顾客导向态度与营销性知识的交互项之前模型的R^2值为0.289，加入交互项以后R^2值上升为0.309，因此交互项在模型中的作用显著。表8-23显示，顾客导向态度与营销性知识交互项的显著性水平$p=0.017<0.05$，而且其标准化β系数为0.152，所以营销性知识具有显著的正向调节作用，因此假设6c成立。

表 8-22　COT 与 IP 回归模型汇总（MK 作调节变量）

模型	R	R^2	调整后的 R^2	标准估计的误差
1	0.474	0.225	0.221	0.425
2	0.538	0.289	0.282	0.408
3	0.556	0.309	0.299	0.403

表 8-23　COT 与 MK 的交互作用分析（IP 作因变量）

模型		非标准化系数		标准化系数	t	Sig.
		B	标准误差	β		
1	（常量）	1.540	0.233		6.618	0.000
	COT	0.441	0.058	0.474	7.635	0.000
2	（常量）	1.090	0.247		4.407	0.000
	COT	0.369	0.058	0.397	6.359	0.000
	MK	0.216	0.051	0.265	4.248	0.000
3	（常量）	1.325	0.263		5.035	0.000
	COT	0.334	0.059	0.359	5.648	0.000
	MK	0.191	0.051	0.235	3.731	0.000
	MK×COT	0.125	0.052	0.152	2.408	0.017

②营销性知识对顾客导向态度与预期销售绩效之间关系的调节作用。与上述检验方法相似，本部分检验营销性知识对顾客导向态度与预期销售绩效之间关系的调节作用，分析结果见表 8-24、表 8-25。从表 8-24 可以看出，在分层回归模型中增加顾客导向态度与营销性知识的交互项之前模型的 R^2 值为 0.339，加入交互项以后 R^2 值上升为 0.386，因此交互项在模型中的作用显著。表 8-25 显示，顾客导向态度与营销性知识交互项的显著性水平 $p=0.037<0.05$，而且其标准化 β 系数为 0.149，所以营销性知识具有显著的正向调节作用，因此假设 6d 成立。

表 8-24　　COT 与 FP 回归模型汇总（MK 作调节变量）

模型	R	R^2	调整后的 R^2	标准估计的误差
1	0.527	0.278	0.273	0.436
2	0.582	0.339	0.334	0.422
3	0.621	0.386	0.380	0.417

表 8-25　　COT 与 MK 的交互作用分析（FP 作因变量）

模型		非标准化系数		标准化系数	t	Sig.
		B	标准误差	β		
1	（常量）	1.732	0.256		7.201	0.000
	COT	0.432	0.063	0.429	6.738	0.000
2	（常量）	1.291	0.247		4.876	0.000
	COT	0.401	0.061	0.327	4.979	0.000
	MK	0.213	0.053	0.244	3.834	0.000
3	（常量）	1.567	0.279		5.581	0.000
	COT	0.279	0.068	0.278	4.091	0.000
	MK	0.188	0.051	0.231	3.463	0.001
	MK×COT	0.127	0.056	0.149	2.351	0.037

③营销性知识对顾客导向行为与现场销售绩效之间关系的调节作用。与上述检验方法相似，本部分检验营销性知识对顾客导向行为与现场销售绩效之间关系的调节作用，分析结果见表 8-26、表 8-27。从表 8-26 可以看出，在回归模型中增加顾客导向行为与营销性知识的交互项之前模型的 R^2 值为 0.239，加入交互项以后 R^2 值上升为 0.260，因此交互项在模型中的作用显著。表 8-27 显示，顾客导向行为与营销性知识交互项的显著性水平 $p=0.020<0.05$，而且其标准化 β 系数为 0.156，所以营销性知识具有显著的正向调节作用，因此假设 6a 成立。

表 8-26　　COB 与 IP 回归模型汇总（MK 作调节变量）

模型	R	R^2	调整后的 R^2	标准估计的误差
1	0.429	0.184	0.180	0.436
2	0.489	0.239	0.232	0.422
3	0.510	0.260	0.249	0.417

表 8-27　　COB 与 MK 的交互作用分析（IP 作因变量）

模型		非标准化系数		标准化系数	t	Sig.
		B	标准误差	β		
1	（常量）	1.620	0.252		6.440	0.000
	COB	0.426	0.063	0.429	6.738	0.000
2	（常量）	1.291	0.258		4.998	0.000
	COB	0.330	0.066	0.332	4.979	0.000
	MK	0.207	0.054	0.254	3.812	0.000
3	（常量）	1.563	0.280		5.572	0.000
	COB	0.281	0.069	0.283	4.090	0.000
	MK	0.189	0.054	0.231	3.466	0.001
	MK×COB	0.136	0.058	0.156	2.346	0.020

④营销性知识对顾客导向行为与预期销售绩效之间关系的调节作用。与上述检验方法相似，本部分检验营销性知识对顾客导向行为与预期销售绩效之间关系的调节作用，分析结果见表 8-28、表 8-29。从表 8-28 可以看出，在分层回归模型中增加顾客导向行为与营销性知识的交互项之前模型的 R^2 值为 0.232，加入交互项以后 R^2 值上升为 0.247，因此交互项在模型中的作用显著。表 8-29 显示，顾客导向行为与营销性知识交互项的显著性水平 $p=0.047<0.05$，而且其标准化 β 系数为 0.138，所以营销性知识具有显著的正向调节作用，因此假设 6b 成立。

表 8-28　　COB 与 FP 回归模型汇总（MK 作调节变量）

模型	R	R^2	调整后的R^2	标准估计的误差
1	0.475	0.226	0.222	0.483
2	0.481	0.232	0.224	0.483
3	0.497	0.247	0.236	0.479

表 8-29　　COB 与 MK 的交互作用分析（FP 作因变量）

模型		非标准化系数		标准化系数	t	Sig.
		B	标准误差	β		
1	（常量）	1.471	0.279		5.280	0.000
	COB	0.536	0.070	0.475	7.656	0.000
2	（常量）	1.350	0.295		4.574	0.000
	COB	0.500	0.076	0.444	6.618	0.000
	MK	0.076	0.062	0.082	1.225	0.019
3	（常量）	1.605	0.322		4.985	0.000
	COB	0.455	0.079	0.403	5.771	0.000
	MK	0.058	0.062	0.063	0.936	0.021
	MK×COB	0.128	0.067	0.138	2.215	0.047

（4）技术性知识的调节作用

①技术性知识对顾客导向态度与现场销售绩效之间关系的调节作用。分层回归分析步骤与上述操作类似，分析结果见表 8-30、表 8-31。从表 8-30 可以看出，在分层回归模型中增加顾客导向态度与技术性知识的交互项之前模型的R^2值为 0.251，加入交互项以后R^2值上升为 0.269，因此交互项在模型中的作用显著。表 8-31 显示，顾客导向态度与技术性知识交互项的显著性水平 $p=0.031<0.05$，而且其标准化β系数为 0.142，所以技术性知识具有显著的正向调节作用，因此假设 5c 成立。

表 8-30　　COT 与 IP 回归模型汇总（TK 作调节变量）

模型	R	R^2	调整后的 R^2	标准估计的误差
1	0.475	0.226	0.222	0.483
2	0.501	0.251	0.244	0.476
3	0.518	0.269	0.258	0.472

表 8-31　　COT 与 TK 的交互作用分析（IP 作因变量）

模型		非标准化系数		标准化系数	t	Sig.
		B	标准误差	β		
1	（常量）	1.471	0.279		5.280	0.000
	COT	0.536	0.070	0.475	7.656	0.000
2	（常量）	1.182	0.296		3.991	0.000
	COT	0.430	0.080	0.381	5.374	0.000
	TK	0.199	0.076	0.186	2.616	0.010
3	（常量）	1.452	0.318		4.558	0.000
	COT	0.392	0.081	0.347	4.827	0.000
	TK	0.170	0.077	0.159	2.225	0.027
	TK×COT	0.137	0.063	0.142	2.178	0.031

②技术性知识对顾客导向态度与预期销售绩效之间关系的调节作用。分层回归分析步骤与上述操作类似，分析结果见表 8-32、表 8-33。从表 8-32 可以看出，在分层回归模型中增加顾客导向态度与技术性知识的交互项之前模型的 R^2 值为 0.344，加入交互项以后 R^2 依然为 0.344，R^2 没有显著变化，所以交互项在模型中的作用不显著。表 8-33 显示，顾客导向态度与技术性知识交互项的显著性水平 $p=0.841>0.05$，技术性知识对顾客导向态度与预期销售绩效之间的关系没有显著的调节作用，因此假设 5d 不成立。

表 8-32　COT 与 FP 回归模型汇总（TK 作调节变量）

模型	R	R^2	调整后的 R^2	标准估计的误差
1	0.537	0.288	0.285	0.463
2	0.586	0.344	0.337	0.446
3	0.587	0.344	0.336	0.447

表 8-33　COT 与 TK 的交互作用分析（FP 作因变量）

模型		非标准化系数		标准化系数	t	Sig.
		B	标准误差	β		
1	（常量）	1.320	0.253		5.206	0.000
	COT	0.568	0.063	0.537	9.023	0.000
2	（常量）	0.677	0.290		2.335	0.021
	COT	0.494	0.063	0.467	7.819	0.000
	TK	0.264	0.064	0.246	4.117	0.000
3	（常量）	0.702	0.317		2.214	0.028
	COT	0.491	0.064	0.465	7.623	0.000
	TK	0.260	0.068	0.242	3.840	0.000
	TK×COT	−0.012	0.058	−0.013	−0.201	0.841

③技术性知识对顾客导向行为与现场销售绩效之间关系的调节作用。分层回归分析步骤与上述操作类似，分析结果见表 8-34、表 8-35。从表 8-34 可以看出，在分层回归模型中增加顾客导向行为与技术性知识的交互项之前模型的 R^2 值为 0.305，加入交互项以后 R^2 上升为 0.316，R^2 有显著变化，所以交互项在模型中的作用显著。表 8-35 显示，顾客导向行为与技术性知识交互项的显著性水平 $p=0.046<0.05$，而且其标准化 β 系数为 0.117，技术性知识对顾客导向行为与现场销售绩效之间的关系有显著的正向调节作用，因此假设 5a 成立。

表 8-34　　COB 与 IP 回归模型汇总（TK 作调节变量）

模型	R	R^2	调整后的 R^2	标准估计的误差
1	0.515	0.265	0.261	0.414
2	0.552	0.305	0.298	0.403
3	0.562	0.316	0.305	0.401

表 8-35　　COB 与 TK 的交互作用分析（IP 作因变量）

模型		非标准化系数		标准化系数	t	Sig.
		B	标准误差	β		
1	（常量）	1.070	0.264		4.054	0.000
	COB	0.562	0.066	0.515	8.507	0.000
2	（常量）	0.826	0.267		3.089	0.002
	COB	0.472	0.070	0.432	6.770	0.000
	TK	0.176	0.052	0.216	3.387	0.001
3	（常量）	1.066	0.298		3.579	0.000
	COB	0.425	0.074	0.389	5.746	0.000
	TK	0.163	0.052	0.200	3.116	0.002
	TK×COB	0.102	0.057	0.117	2.221	0.046

④技术性知识对顾客导向行为与预期销售绩效之间关系的调节作用。分层回归分析步骤与上述操作类似，分析结果见表 8-36、表 8-37。从表 8-36 可以看出，在分层回归模型中增加顾客导向行为与技术性知识的交互项之前模型的 R^2 值为 0.215，加入交互项以后 R^2 为 0.216，R^2 没有显著变化，所以交互项在模型中的作用不显著。表 8-37 显示，顾客导向行为与技术性知识交互项的显著性水平 $p=0.092>0.05$，技术性知识对顾客导向行为与预期销售绩效之间的关系没有显著的调节作用，因此假设 5b 不成立。

表 8-36 COB 与 FP 回归模型汇总（TK 作调节变量）

模型	R	R^2	调整后的R^2	标准估计的误差
1	0.429	0.184	0.180	0.436
2	0.464	0.215	0.203	0.432
3	0.465	0.216	0.204	0.429

表 8-37 COB 与 TK 的交互作用分析（FP 作因变量）

模型		非标准化系数		标准化系数	t	Sig.
		B	标准误差	β		
1	（常量）	1.620	0.252		6.440	0.000
	COB	0.426	0.063	0.429	6.738	0.000
2	（常量）	1.392	0.268		5.186	0.000
	COB	0.342	0.073	0.345	4.721	0.000
	TK	0.157	0.069	0.166	2.272	0.024
3	（常量）	1.583	0.290		5.459	0.000
	COB	0.315	0.074	0.318	4.266	0.000
	TK	0.136	0.070	0.145	1.956	0.052
	TK×COB	−0.097	0.057	−0.114	−1.694	0.092

8.5.3 检验结果与讨论

（1）检验结果汇总

为了更直观地呈现上述分层回归分析的结果，我们将各个研究假设的检验结果进行了汇总，见表8-38。

表 8-38　　研究假设的检验结果

序号	假设的内容	检验结果
假设1	销售人员顾客导向态度对其现场销售绩效有显著的正向影响	成 立
假设2	销售人员顾客导向态度对其预期销售绩效有显著的正向影响	成 立
假设3	销售人员顾客导向行为对其现场销售绩效有显著的正向影响	成 立
假设4	销售人员顾客导向行为对其预期销售绩效有显著的正向影响	成 立
假设5a	销售人员技术性知识对顾客导向行为与现场销售绩效之间的关系有正向调节作用	成 立
假设5b	销售人员技术性知识对顾客导向行为与预期销售绩效之间的关系有正向调节作用	不成立
假设5c	销售人员技术性知识对顾客导向态度与现场销售绩效之间的关系有正向调节作用	成 立
假设5d	销售人员技术性知识对顾客导向态度与预期销售绩效之间的关系有正向调节作用	不成立
假设6a	销售人员营销性知识对顾客导向行为与现场销售绩效之间的关系有正向调节作用	成 立
假设6b	销售人员营销性知识对顾客导向行为与预期销售绩效之间的关系有正的调节作用	成 立
假设6c	销售人员营销性知识对顾客导向态度与现场销售绩效之间的关系有正向调节作用	成 立
假设6d	销售人员营销性知识对顾客导向态度与预期销售绩效之间的关系有正向调节作用	成 立

由表8-38可以清楚地看到，在本章所提出的假设中，假设5b及假设5d没有通过实证研究的检验，其余假设均得到了实证分析的支持。

（2）检验结果讨论

①销售人员顾客导向对销售绩效的影响。从上述对顾客导向两个维度及销售绩效两个维度之间关系分别进行回归分析可以看出，顾客导向态度以及顾客导向行为分别对销售人员现场销售绩效及预期销售绩效有

显著的正向影响，假设1、假设2、假设3及假设4均得到实证分析的支持。该结果与Stock和Hoyer（2005）的研究结果是一致的，这表明销售人员顾客导向在销售过程中有非常重要的作用。销售人员通过顾客导向态度和顾客导向行为可以拉近自己与顾客之间的心理距离，提升顾客满意度，进而有利于顾客做出购买决策。不仅如此，销售人员良好的服务态度和贴心的服务措施也会给顾客留下深刻的印象，从而增强顾客对销售人员的信任程度，这有助于顾客再次购买该销售人员销售的产品或者服务。

②销售人员营销性知识的调节作用。如前所述，在知识经济时代，知识对销售人员的作用越来越明显。知识包括很多种，不同种类的知识所起的作用也有区别。基于本章收集到的数据及在此基础上进行的回归分析，我们验证了营销性知识对顾客导向与销售绩效的各个维度之间关系有显著的正向调节作用的假设。这表明销售人员的营销性知识越丰富，越有利于他们运用适当的方法用自己的产品或者服务满足顾客的需求。

③销售人员技术性知识的调节作用。技术性知识主要是指与产品或服务的生产、使用有关的知识，它可以帮助销售人员将产品或服务更加清晰地介绍给顾客，降低顾客购买过程中感知到的风险，从而提升顾客的购买意愿。本章的实证分析表明，技术性知识能够对顾客导向两个维度与现场销售绩效之间的关系起正向的调节作用，即假设5a、假设5c成立。

此外，本章的实证分析也表明，技术性知识对顾客导向两个维度与预期销售绩效之间的关系没有调节作用，该结果与前述假设相悖，即假设5b、假设5d不成立。为了更深入地分析产生这种结果的原因，我们对参与本章调研的中国人民财产保险股份有限公司深圳分公司的7位保险销售人员进行了电话访谈。访谈结果表明，在销售过程中，顾客更注重眼前的交易，在销售现场适当运用技术性知识说明销售人员具有专业性，这降低了顾客感知到的购买风险，能促使顾客做出购买决策，也就对现场销售绩效起到促进作用。但是由于技术性知识对顾客来讲晦涩难懂，很难给顾客留下深刻的印象，所以通过技术性知识与顾客建立长期的合作关系并不容易。相比之下，营销性知识则是从顾客的心理出发，能很容易拉近顾客与销售人员之间的心理距离，让顾客在心理上对销售人员产生认同感，因此营销性知识对现场及预期销售绩效都能够产生良好的促进作用。

为了更全面地认识这个问题，我们通过在银行工作的朋友对3位理财产品顾客进行了访谈，访谈结果也从顾客的角度印证了上述保险销售人员的观点。此外，造成假设5b、假设5d不成立的原因也可能与本章选取的调研行业有关。

8.6 管理建议与研究局限和展望

8.6.1 管理建议

销售人员是企业产品顺利进入流通环节的端口，是联系企业与顾客的纽带，销售人员已经成为影响企业持续健康发展的关键性因素。此外，在知识经济时代，知识的重要性不言而喻，因此销售人员管理也成为企业普遍关注的课题。基于上述现实背景，结合本章得出的结论，我们对未来销售人员管理提出如下建议：

第一，充分重视销售人员个人层面的顾客导向。在实践中，一些企业的顾客导向尚未细化到销售人员个人层面。本章通过实证方法验证了销售人员个人的顾客导向对其销售绩效有促进作用，因此企业管理者在未来的管理实践中除了要关注企业层面的顾客导向外，还要不断引导和培养销售人员个人层面的顾客导向。

第二，增强对销售人员营销性知识的培训。当前，对在岗员工开展培训已经成为企业日常经营活动中必不可少的一个环节。鉴于销售人员在工作内容方面与其他员工相比具有特殊性，所以给销售人员进行的培训也应当具有针对性。本章的实证研究表明，营销性知识对顾客导向与销售绩效之间的关系有显著的正向调节作用。营销性知识可以拉近销售人员与顾客之间的心理距离，对维护良好的客户关系、实现预期销售也有积极的作用。当前一些企业对销售人员的培训仍然以技术性知识为主，营销性知识的培训仅是沟通技巧、服务礼仪方面的一些内容，而对于行业内的重大事件及影响、行业未来发展趋势、竞争对手的营销策略、营销技巧等营销性知识的培训还有待进一步开展。

第三，技术性知识的培训要更具针对性。如前所述，技术性知识是销售人员顺利开展销售工作的必备知识，也是企业对销售人员进行培训的重点内容。本章的实证分析表明，技术性知识对顾客导向与现场销售绩效的关系有正向调节作用，而对顾客导向与预期销售绩效的关系则没有显著的调节作用。虽然此结论可能受到样本来源的影响，但这也提醒企业管理者在对销售人员进行技术性知识培训时，应当按照顾客的特点，有针对性地设计培训课程。

8.6.2 研究局限和展望

囿于研究条件及我们的学识，本章仍然存在一些不足之处：

第一，本章以销售人员与顾客在销售过程中的接触为切入点，研究了知识属性对顾客导向与销售人员销售绩效之间关系的调节作用，而没有从纵向视角分析上述变量之间的关系。未来的研究可以通过对时间序列数据的收集，从纵向视角对该问题展开更加深入的研究。

第二，本章选取的样本均来源于保险业、银行业及汽车摩托车零售业，因此本章的结论在其他行业是否适用还需要进行进一步检验。未来的研究可以以其他行业为样本开展研究。不仅如此，受限于研究条件，本章最终获取的样本数量不是特别大，未来的研究应当进一步扩大样本容量。

第三，本章在研究过程中没有考虑企业文化、领导风格、组织结构等企业组织层面因素的作用。销售人员是组织的一部分，其在工作过程中不可避免地会受到组织因素的影响，因此未来的研究可以引入组织层面的因素，进而更加翔实、深刻地对该问题进行探讨。

9 研究结论、不足与未来研究展望

本章对本书所有的研究结论进行系统的总结和概括。毋庸讳言，我们的研究也存在诸多的不足之处，我们对此进行了全面的反思。另外，我们对销售人员正式控制未来的研究空间做了探讨。

9.1 研究主要结论

9.1.1 正式控制的影响效应

本书的实证研究结果显示，正式控制的几个维度与销售人员绩效显著正向相关。比如在第3章中，结果控制和行为控制对销售绩效都有显著的正向影响效应。我们的研究结果支持两种控制手段存在互补效益，即当结果控制和行为控制都比较高的时候，销售绩效处于较高的水平。我们采取另外一种方式测量正式控制与销售绩效之间的关系，发现这种正向影响效应仍然存在。比如本书第4章的研究结果表明，除了活动控制与结果绩效之间存在正向关系，结果控制与能力控制都与行为绩效、结果绩效正相关。在本书第6章中，研究结果显示，结果控制这一正式控制维度与销售人员的心理契约兑现以及销售人员合作行为这一行为绩效变量之间存在显著的正相关关系。本书第5章的研究结论显示，行为控制和能力对销售人员信任上司产生显著的正向影响。

当然，我们的研究也发现正式控制的不同维度的影响效应是有差异的。比如在第4章中，我们发现活动控制与行为绩效之间不存在显著的相关关系。此外，在第5章中，研究结果也显示结果控制与销售人员信任上司之间存在显著的负向作用。这似乎都显示，在正式控制手段与销售绩效之间存在需要进一步厘清的边界条件。正是这些调节效应的存在，使得原来的正向关系消失甚至变为负向关系。此外，不同维度之间的交互效应的存在也是一个需要继续探讨的方向。尽管我们探讨了行为控制和结果控制之间的交互作用，但是对于结果控制、活动控制以及能力控制三个维度之间的交互作用的探讨尚未展开。

9.1.2 正式控制对销售绩效的影响机制

在本书中，我们从目标设定理论、动机理论以及领导的目标-路径理论三个不同的理论视角，对正式控制与销售绩效之间的关系进行了探讨。在第3章中，我们基于目标设定理论发现，结果控制和行为控制的交互效应会通过顾客导向行为这一策略的中介作用影响销售绩效。这种对正式控制不同维度交互效应影响销售绩效的研究方式拓展了我们对正式控制与绩效之间关系的理解。

在第5章中，我们从动机理论视角出发，研究了动机在三类正式控制与销售绩效之间所扮演的中介作用角色。实证研究结果支持了我们的假设。在第6章中，我们基于领导的目标-路径理论发现，销售人员的心理契约兑现在结果控制与员工的销售合作行为之间发挥了中介作用。以上研究对于揭示正式控制与销售绩效之间关系的“黑箱”——作用机理——做出了全面深入的探讨。

在这一研究过程中，我们发现了顾客导向价值观和行为具有前沿研究的理论和实践意义，因此，在第7章和第8章中，我们对于顾客导向的影响因素及效益进行了深入探讨。研究表明，顾客导向既可以作为一种价值观，通过领导者与下属的关系质量、信任感激发出来，也可以作为一种行为被正式手段激发出来。同时，这种行为可以正向带来结果绩效的提升，而知识属性在两者的关系间扮演了边界条件的角色。

9.1.3 中国情境因素的独特影响效应

本书的一个主要的目的在于拓展销售人员管理的本土化研究。我们的研究发现，中国人传统性这一极具中国情境特质的变量在销售人员管理领域发挥了独特的作用。比如在第5章中，我们发现，对高传统性销售人员而言，结果控制与销售人员信任上司之间的负相关关系比低传统性销售人员更强，活动控制与销售人员信任上司之间的正相关关系比低传统性销售人员更强，能力控制与销售人员信任上司之间的正相关关系比低传统性销售人员更强。此外，在第6章的研究中，我们发现，中国人传统性调节了心理契约兑现的中介作用，即当中国人传统性较弱时，销售人员心理契约兑现在结果控制与合作行为之间的中介作用较强，反之亦然。这就意味着销售管理人员在招聘和选拔员工的时候，必须注意评估员工的传统性，并且根据他们传统性的高低而采取不同的管理方式。

我们的研究发现，中国情境中的上下级关系能够激发下属对上司的信任，从而促进销售人员的学习导向和顾客导向的形成。中国人的上下级关系与西方的主管与下属关系不同，更为重视工作外的互动质量。当上级与下属之间构建了“自己人”的高质量关系后，上司就能让下属更信任上司并接受上司的指导，使下属愿意为组织和上司做出额外的努力，更多地学习如何销售产品，也更愿意为满足顾客需要而进行销售方案的调整。

9.2 研究存在的不足

9.2.1 研究设计的不足

本书是基于访谈与问卷调研的实证研究，但大部分研究数据都属于横截面数据，也就是说，所有的自变量、中介变量、调节变量和结果变量的数据都是在同一时间搜集的。因此，前因变量和结果变量之间的关系也有其他解释的可能性。为了弥补这种缺陷，应当采取纵向研究设计，也就是分不同的时段，搜集前因变量、中介变量以及结果变量的数据，通过时间间隔效应更有力地证明研究假设中的因果关系。当然，由于销售人员工作比较忙，又往往不能集中参与问卷调研，而需要通过销售会议、网络调研等方式来搜集数据，也增加了纵向调研的难度。

此外，我们的数据大多数是同源数据，所有的变量数据都来自员工本人。对于绩效的测量，未来可以考虑使用客观的销售额或者销售量数据，也可以从员工的同事、员工的领导那里收集关于销售人员绩效的相关评价，从而消除同源偏差效应。事实上，上下级的配对研究或者向公司索取相关销售人员的销售业绩情况等方法应当应用到研究设计中来。

9.2.2 研究样本的不足

本书的样本来自不同行业、不同地区的企业，参与调研的个体都是从事销售工作的员工。然而，由于调研资源的限制，样本大部分集中在珠三角地区的企业，以滚雪球的方式进行取样，因此我们的结论是否适用于国内其他地域和其他行业的企业尚有待验证。本章重视中国情境的特有变量的影响，如果能够在中国大陆以外其他华人地区取样，再与欧美发达地区国家的样本进行跨文化对比性研究，其结论将具有更好的效度。未来的研究也可以考虑扩大取样的范围，用更为有效的抽样调查方法，控制关键的人口统计变量，以使研究结论更为可靠。

9.2.3 单一层次研究的不足

本书所有变量都是员工个体层次的，并未考虑团队层次以及组织层次变量的影响。当前在市场营销与组织行为研究领域，学者们呼吁开展跨层次研究，以考察在不同层次上变量之间的相互影响。比如，组织层次的正式控制与领导的正式控制可能是具有交互效应的两个层次的影响；销售业绩可能是通过团队方式完成的，哪些团队层次的正式控制因素对团队的销售业绩产生影响并未纳入本书的考察范围。如果能将多层次的变量纳入研究范畴，将使我们对正式控制与绩效之间的关系有更深入的认识。

9.2.4 调节变量考虑的不足

本书主要考察了中国人传统性、员工的知识属性等变量的影响，这些都属于个体层次的个人特征和认知类型的调节变量。事实上，正式控制与销售绩效之间的关系还可能受到产品或服务的性质、销售任务的复杂程度、品牌声誉等因素的影响。也就是说，本书在调节变量的考虑上，没有将组织成员以外的属性考虑进去。例如，当产品复杂程度较高时，销售人员可能需要更多的行为指导和能力控制才能有效完成销售任务；而对于标准化的产品、无差异的服务内容，较高的行为控制可能带来更大的压力，这不是对销售人员的帮助，反而可能弱化控制与绩效之间的关系。未来的研究应当将产品和销售情境因素考虑进来。

9.3 研究展望

9.3.1 对中介效应的探讨

未来的研究可以考虑其他理论视角，拓展对正式控制与销售绩效之间作用过程的认识。比如，自我概念理论和社会学习理论也可以用于解释控制与绩效之间的关系。自我概念对绩效的影响已经为不少研究者所重视。控制的程度可能成为组织或者领导向销售人员发送的一些信号提示，对销售人员在组织中的能力评价、身份属性归类产生影响，从而影响他们的绩效表现。又比如，社会学习理论表明，他人的指导、榜样的力量和经验的传授可以提升个体的绩效。正式控制可能通过影响员工的学习动力、学习能力和学习过程来影响其绩效的提升。这些中介效应值得在未来进行实证研究。

9.3.2 对调节效应的研究

前已述及，销售任务、产品属性、品牌和公司声誉等外部属性都可能影响正式控制与销售绩效之间的关系。考察上述非个体因素对于扩展正式控制与销售绩效关系的边界条件的认识有重要意义。

未来的研究可以从跨层次的角度考虑公平氛围、创新氛围、心理授权氛围等团队层次的变量的影响。组织的顾客导向水平、组织支持程度等组织层次的变量也应当纳入正式控制与销售绩效关系的边界条件考察范围。对调节效应的跨层次考察，不仅可以拓展我们对于个体层次以外因素的认识，也便于我们从更为宽广的团队和组织视野来考察不同因素之间的交互作用。

9.3.3 对中国情境变量的深入挖掘

中国情境变量不仅包括本书所涉及的中国人传统性以及上下级关系，也有研究者呼吁考察中庸思维、和谐观念等具有中国情境特质的变量对组织成员行为和态度的影响。然而在销售人员管理领域，这方面的探索还处于起步阶段，应当通过更多的中国管理情境的扎根式考察，寻找独特的因素进行深入研究。

主要参考文献

[1] 陈猛,卞冉,王丽娜,等.情绪智力与工作绩效的关系[J].心理科学进展,2012,3(3):412-423.

[2] 初浩楠,廖建桥.正式控制对认知信任和情感信任影响的实证研究[J].科学学与科学技术管理,2008(4):185-189.

[3] 初浩楠.正式控制和组织支持感对知识共享影响的实证研究[J].科技管理研究,2011(7):157-161.

[4] 韩翼,廖建桥.任务绩效和非任务绩效结构理论研究述评[J].管理评论,2006,18(10):41-47.

[5] 韩翼,廖建桥.组织成员绩效结构理论研究述评[J].管理科学学报,2006,9(2):86-94.

[6] 胡杨,刘群慧.顾客导向、组织创新与时基绩效关系的实证研究[J].云梦学刊,2010,2(2):72-77.

[7] 江洁.保险企业内部信任对销售业绩的影响研究[D].桂林:广西师范大学,2012.

[8] 匡萍波,凌玲.不同组织信任背景下工作满意度与组织承诺关系[J].经济管理,2009(4):18-20.

[9] 林枫,徐金发.国外知识转移研究述评[J].重庆大学学报:社会科学版,2010(5):47-54.

[10] 刘璐，唐娟. 顾客导向研究综述[J]. 现代商业，2012 (5)：179-180.

[11] 刘熙远. 跨国公司销售人员情绪智力与沟通能力及销售绩效关系研究[D]. 长沙：中南大学，2008.

[12] 刘颖. 有色金属行业销售人员绩效的影响因素研究[D]. 上海：上海外国语大学，2014.

[13] 吕涛，聂锐. 正式控制对销售人员绩效的线性和非线性影响[J]. 预测，2008，27(2)：20-26.

[14] 吕涛，聂锐. 非正式控制对销售人员绩效和客户关系质量的影响[J]. 南开管理评论，2009 (2)：153-160.

[15] 梦非，魏建良. 员工关系对创新绩效的影响——知识属性的调节效应[J]. 软科学，2012，26(2)：84-87.

[16] 寿志钢，朱文婷，苏晨汀，等. 营销渠道中的行为控制如何影响信任关系——基于角色理论和公平理论的实证研究[J]. 管理世界，2011 (10)：58-69.

[17] 王维，范彦伟. 超顾客导向的临界状态分析[J]. 商业研究，2012 (3)：121-126.

[18] 韦慧民，龙立荣. 主管认知信任和情感信任对员工行为及绩效的影响[J]. 心理学报，2009，41(1)：86-94.

[19] 姚洪玲. 正式控制对销售人员信任上司影响研究[D]. 广州：广东商学院，2012.

[20] 游正林. 社会统计学——对问卷调查数据的统计分析[M]. 北京：社会科学文献出版社，2010.

[21] 于伟，张彦. 基于组织支持感的服务企业员工顾客导向形成机理研究[J]. 科技管理研究，2010，30(14)：158-161.

[22] 余琼，袁登华. 员工及其管理者的情绪智力对员工工作绩效的影响[J]. 心理学报，2008，40(1)：74-83.

[23] 张正林，庄贵军，许益锋. 销售员个人绩效研究综述[J]. 北京工商大学学报：社会科学版，2011(5)：57-62.

[24] 庄雪峰. 显性激励与隐性激励对于公司业绩的影响[D]. 上海：复旦大学，2011.

[25] Agarwal S，Ramaswami S N. Marketing controls and employee responses：the moderating role of task characteristics[J]. Journal of the Academy of Marketing Science，1993，21(4)：293-306.

[26] Agarwal S. Impact of job formalization and administrative controls on attitudes of industrial salespersons[J]. Industrial Marketing Management，1999，28(98)：359 - 368.

[27] Ahearne M，Lam S K，Mathieu J E，et al.Why are some salespeople better

at adapting to organizational change? [J]. Journal of Marketing, 2010, 74(3): 65-79.

[28] Ahearne M, Rapp A, Hughes D E, et al. Managing sales force product perceptions and control systems in the success of new product introductions [J]. Journal of Marketing Research, 2010, 47(4): 764-776.

[29] Anderson E, Oliver R L. Perspectives on behavior- based versus outcome-based sales-force control systems[J]. The Journal of Marketing, 1987(51): 76-88.

[30] Arndt A D, Karande K. Is it better for salespeople to have the highest customer orientation or a strong fit with their group's customer orientation? Findings from automobile dealerships[J]. Journal of Retailing and Consumer Services, 2012, 19(3): 353-359.

[31] Baldauf A, Cravens D W, Piercy N F. Examining the consequences of sales management control strategies in European field sales organizations [J]. International Marketing Review, 2001, 18(5): 474-508.

[32] Baldauf A, Cravens D W, Piercy N F. Sales management control research—synthesis and an agenda for future research[J]. Journal of Personal Selling & Sales Management, 2005, 25(1): 7-26.

[33] Baldauf A, Cravens D W. The effect of moderators on the salesperson behavior performance and salesperson outcome performance and sales organization effectiveness relationships[J]. European Journal of Marketing, 2002, 36(11/12): 1367-1388.

[34] Blocker C P, Flint D J, Myers M B, et al. Proactive customer orientation and its role for creating customer value in global markets[J]. Journal of the Academy of Marketing Science, 2011, 39(2): 216-233.

[35] Bonner J M. The influence of formal controls on customer interactivity in new product development[J]. Industrial Marketing Management, 2005, 34(1): 63-69.

[36] Brashear T G, Manolis C, Brooks C M. The effects of control, trust, and justice on salesperson turnover[J]. Journal of Business Research, 2005, 58(3): 241-249.

[37] Brockman B K, Jones M A, Becherer R C. Customer orientation and performance in small firms: examining the moderating influence of risk taking, innovativeness, and opportunity focus[J]. Journal of Small Business Management, 2012, 50(3): 429-446.

[38] Chakrabarty S, Oubre D T, Brown G. The impact of supervisory adaptive selling and supervisory feedback on salesperson performance[J]. Industrial Marketing Management, 2008, 37(4): 447–454.

[39] Challagalla G N, Shervani T A. A measurement model of the dimensions and types of output and behavior control: an empirical test in a salesforce context[J]. Journal of Business Research, 1997, 39(3): 159–172.

[40] Challagalla G N, Shervani T A. Dimensions and types of supervisory control: effects on salesperson performance and satisfaction[J]. The Journal of Marketing, 1996, 60(1): 89–105.

[41] Challagalla G, Shervani T, Huber G. Supervisory orientations and salesperson work outcomes: the moderating effect of salesperson location[J]. Journal of Personal Selling & Sales Management, 2000, 20(3): 161–171.

[42] Chang W J A, Huang T C. Customer orientation as a mediator of the influence of locus of control on job performance[J]. The Service Industries Journal, 2011, 31(2): 273–285.

[43] Chen Z X, Aryee S. Delegation and employee work outcomes: an examination of the cultural context of mediating processes in China[J]. Academy of Management Journal, 2007, 50(1): 226–238.

[44] Christen M, Iyer G, Soberman D. Job satisfaction, job performance, and effort: a reexamination using agency theory[J]. Journal of Marketing, 2006, 70(1): 137–150.

[45] Cravens D W, Lassk F G, Low G S, et al. Formal and informal management control combinations in sales organizations: the impact on salesperson consequences[J]. Journal of Business Research, 2004, 57(3): 241–248.

[46] Cross M E, Brashear T G, Rigdon E E, et al. Customer orientation and salesperson performance[J]. European Journal of Marketing, 2007, 41(7/8): 821–835.

[47] Edwards J R, Lambert L S. Methods for integrating moderation and mediation: a general analytical framework using moderated path analysis[J]. Psychological methods, 2007, 12(1): 1.

[48] Evans K R, Landry T D, Li P C, et al. How sales controls affect job-related outcomes: the role of organizational sales-related psychological climate perceptions[J]. Journal of the Academy of Marketing Science, 2007, 35(3): 445–459.

[49] Fang E, Palmatier R W, Evans K R. Goal-setting paradoxes? Trade-offs between working hard and working smart: the United States versus China [J]. Journal of the Academy of Marketing Science, 2004, 32(2): 188-202.

[50] Farh J L, Hackett R D, Liang J. Individual-level cultural values as moderators of perceived organizational support - employee outcome relationships in China: comparing the effects of power distance and traditionality [J]. Academy of Management Journal, 2007, 50(3): 715-729.

[51] Farrell J B, Flood P C, Curtain S M, et al. CEO leadership, top team trust and the combination and exchange of information[J]. Irish Journal of Management, 2005, 26(1): 22.

[52] Franke G R, Park J E. Salesperson adaptive selling behavior and customer orientation: a meta-analysis[J]. Journal of Marketing Research, 2006, 43(4): 693-702.

[53] Fred Miao C, Evans K R. The impact of salesperson motivation on role perceptions and job performance—a cognitive and affective perspective[J]. Journal of Personal Selling & Sales Management, 2007, 27(1): 89-101.

[54] Guenzi P, De Luca L M, Troilo G. Organizational drivers of salespeople's customer orientation and selling orientation[J]. Journal of Personal Selling & Sales Management, 2011, 31(3): 269-285.

[55] Henderson D J, Wayne S J, Shore L M, et al. Leader—member exchange, differentiation, and psychological contract fulfillment: a multilevel examination[J]. Journal of Applied Psychology, 2008, 93(6): 1208.

[56] Homburg C, Müller M, Klarmann M. When should the customer really be king? On the optimum level of salesperson customer orientation in sales encounters[J]. Journal of Marketing, 2011, 75(2): 55-74.

[57] House R J. Path-goal theory of leadership: Lessons, legacy, and a reformulated theory[J]. The Leadership Quarterly, 1996, 7(3): 323-352.

[58] Hunter G K, Perreault Jr W D. Making sales technology effective[J]. Journal of Marketing, 2007, 71(1): 16-34.

[59] Jaramillo F, Grisaffe D B. Does customer orientation impact objective sales performance? Insights from a longitudinal model in direct selling[J]. Journal of Personal Selling & Sales Management, 2009, 29(2): 167-178.

[60] Jaramillo F, Mulki J P. Sales effort: the intertwined roles of the leader, customers, and the salesperson[J]. Journal of Personal Selling & Sales Management, 2008, 28(1): 37-51.

[61] Jaworski B J, Kohli A K. Supervisory feedback: alternative types and their impact on salespeople's performance and satisfaction[J]. Journal of Marketing Research, 1991(5): 190–201.

[62] Jaworski B J, MacInnis D J. Marketing jobs and management controls: toward a framework [J]. Journal of Marketing Research, 1989, 26(11): 406–419.

[63] Jaworski B J. Toward a theory of marketing control: environmental context, control types, and consequences [J]. The Journal of Marketing, 1988, 53(3): 23–39

[64] Kidwell B, Hardesty D M, Murtha B R, et al. Emotional intelligence in marketing exchanges [J]. Journal of Marketing, 2011, 75(1): 78–95.

[65] Küster I, Canales P. Some determinants of salesforce effectiveness[J]. Team Performance Management: An International Journal, 2008, 14(7/8): 296–326.

[66] Lam W, Huang X, Snape E D. Feedback-seeking behavior and leader-member exchange: do supervisor-attributed motives matter? [J]. Academy of Management Journal, 2007, 50(2): 348–363.

[67] Locke E A, Shaw K N, Saari L M, et al. Goal setting and task performance: 1969 - 1980[J]. Psychological bulletin, 1981, 90(1): 125.

[68] Lopez T B, Carr J, Gregory B T, et al. The influence of psychological climate on the salesperson customer orientation—salesperson performance relationship[J]. Journal of Marketing Theory and Practice, 2005, 13(2): 59–71.

[69] McAllister D J. Affect-and cognition-based trust as foundations for interpersonal cooperation in organizations [J]. Academy of Management Journal, 1995, 38(1): 24–59.

[70] Miao C F, Evans K R, Shaoming Z. The role of salesperson motivation in sales control systems—intrinsic and extrinsic motivation revisited[J]. Journal of Business Research, 2007, 60(5): 417–425.

[71] Mulki J P, Jaramillo F, Locander W B. Effects of ethical climate and supervisory trust on salesperson's job attitudes and intentions to quit[J]. Journal of Personal Selling & Sales Management, 2006, 26(1): 19–26.

[72] Oliver R L, Anderson E. An empirical test of the consequences of behavior and outcome—based sales control systems[J]. The Journal of Marketing, 1994, 58(4): 53–67.

[73] Pelham A M, Kravitz P. An exploratory study of the influence of sales training content and salesperson evaluation on salesperson adaptive selling, customer orientation, listening, and consulting behaviors [J]. Journal of Strategic Marketing, 2008, 16(5): 413-435.

[74] Pettijohn C E, Pettijohn L S, Taylor A J. Does salesperson perception of the importance of sales skills improve sales performance, customer orientation, job satisfaction, and organizational commitment, and reduce turnover? [J]. Journal of Personal Selling & Sales Management, 2007, 27(1): 75-88.

[75] Piercy N F, Cravens D W, Lane N. Sales management control level and competencies: antecedents and consequences[J]. Industrial Marketing Management, 2009, 38(4): 459-467.

[76] Plouffe C R, Hulland J, Wachner T. Customer-directed selling behaviors and performance: a comparison of existing perspectives [J]. Journal of the Academy of Marketing Science, 2009, 37(4): 422-439.

[77] Putri Y R. Intellectual capital factors and its impact to sales forces performance[C]//International Conference on Economics Marketing and Management IPEDR. Hong Kong: IACSIT Press, 2011, 28.

[78] Rijsdijk S A, van den Ende J. Control combinations in new product development projects [J]. Journal of Product Innovation Management, 2011, 28 (6): 868-880.

[79] Rodrigues L C A, Coelho F, Sousa C M P. Control mechanisms and goal orientations: evidence from frontline service employees[J]. European Journal of Marketing, 2015, 49(3/4): 350-371.

[80] Rugman A M, Verbeke A. A new perspective on the regional and global strategies of multinational services firms[J]. Management International Review, 2008, 48(4): 397-411.

[81] Saxe R, Weitz B A. The SOCO scale: a measure of the customer orientation of salespeople[J]. Journal of marketing research, 1982, 19 (3): 343-351.

[82] Schwepker Jr C H, Good D J. Transformational leadership and its impact on sales force moral judgment[J]. Journal of Personal Selling & Sales Management, 2010, 30(4): 299-317.

[83] SHANNAHAN K L J, BUSH A J, SHANNAHAN R J. Are your salespeople coachable? How salesperson coachability, trait competitiveness, and

transformational leadership enhance sales performance[J]. Journal of the Academy of Marketing Science,2013,41(1): 40-54.

[84] STREMERSCH S, VAN DYCK W. Marketing of the life sciences: A new framework and research agenda for a nascent field [J]. Journal of Marketing,2009,73(4): 4-30.

[85] TULI K R, KOHLI A K, BHARADWAJ S G. Rethinking customer solutions: From product bundles to relational processes [J]. Journal of Marketing, 2007,71(3): 1-17.

[86] VERBEKE W, DIETZ B, VERWAAL E. Drivers of sales performance: a contemporary meta- analysis. Have salespeople become knowledge brokers? [J]. Journal of the Academy of Marketing Science, 2011, 39 (3): 407-428.

[87] WANG G, DOU W, ZHOU N. The interactive effects of sales force controls on salespeople behaviors and customer outcomes[J]. Journal of Personal Selling & Sales Management,2012,32(2): 225-243.

[88] WEST R L, BAGWELL D K, DARK-FREUDEMAN A. Memory and goal setting: the response of older and younger adults to positive and objective feedback[J]. Psychology and Aging,2005,20(2): 195.

[89] ZABLAH A R, FRANKE G R, BROWN T J, et al. How and when does customer orientation influence frontline employee job outcomes? A meta-analytic evaluation[J]. Journal of Marketing,2012,76(3): 21-40.